D1879150

सृंजय

सृंजय का जन्म 25 जनवरी, 1961 को भोजपुर, बिहार के तेतरिया नामक गाँव में हुआ। उनकी प्रारम्भिक शिक्षा गाँव में और विश्वविद्यालयी शिक्षा पटना, आरा और भागलपुर में हुई। शुरू में समाजवादी-मानवतावादी विचारों से जुड़ाव, फिर आर्यसमाज से प्रभावित होकर देशाटन, और फिर वामपंथी श्रम संगठनों एवं दलों से उनकी गहरी संबद्धता रही।

सन् 1984 से साहित्य की ओर प्रवृत्त हुए। तभी से विभिन्न पत्र-पत्रिकाओं में कहानियाँ, लघु कथाएँ, समीक्षाएँ और लेख आदि प्रकाशित। 'कॉमरेड का कोट' और 'नंगा' उनके प्रमुख कहानी-संग्रह हैं। उनकी कुछ कहानियों का विभिन्न भारतीय भाषाओं में अनुवाद हो चुका है। आकाशवाणी के विभिन्न केन्द्रों से उनकी रचनाओं का प्रसारण भी हुआ है। 'तख़्त-ओ-ताब' नामक कहानी के लिए उन्हें 1989 के 'कृष्णप्रताप स्मृति पुरस्कार' से पुरस्कृत किया गया।

सहायक निदेशक (राजभाषा), भारत संचार निगम लिमिटेड से सेवानिवृत्त।

कॉमरेड का कोट

सृंजय

राधाकृष्ण पेपरबैक्स

राधाकृष्ण पेपरबैक्स में
पहला संस्करण : 2001
दूसरा संस्करण : 2023

राधाकृष्ण पेपरबैक्स : उत्कृष्ट साहित्य के जनसुलभ संस्करण

राधाकृष्ण प्रकाशन प्रा. लि.
जी-17, जगतपुरी
दिल्ली-110 051
द्वारा प्रकाशित

शाखाएँ : अशोक राजपथ, साइंस कॉलेज के सामने, पटना-800 006
पहली मंज़िल, दरबारी बिल्डिंग, महात्मा गांधी मार्ग, प्रयागराज-211 001

वेबसाइट : www.radhakrishnaprakashan.com
ई-मेल : info@radhakrishnaprakashan.com

बी.के. ऑफसेट
नवीन शाहदरा, दिल्ली-110 032
द्वारा मुद्रित

मूल्य : ₹199

COMRADE KA COAT
Short Stories by Srinjay

ISBN : 978-81-7119-654-8

पाँच भाई

चन्द्रशेखर सिंह
संजीव
सुवास कुमार
अमरनाथ गुप्त
शिवमूर्ति

को

जिनकी पंचायत में
मेरी कहानियों की
पहली पेशी होती है
और ये शायद ही
किसी एक राय पर
सहमत होते हैं...

आभार

'बैल बधिया' के लिए स्व. भोदा पासवान
'लक्ष्मी के पाँव' के लिए श्री श्याम सुन्दर मिश्र
'भगदत्त का हाथी' के लिए श्री अमरेन्द्र कुमार पाण्डेय
'तख़्त-ओ-ताब' के लिए मो. अबरार 'भगत'
'कॉमरेड का कोट' के लिए श्री कमलनाभ उपाध्याय
के प्रति
जो या तो इन कहानियों के पात्र रहे हैं
या उनके द्वारा ये मुझ तक पहुँची हैं...

क्रम

बैल बधिया

दहिनवारे बैल ने जब तीसरी बार ग़लत हराई बदली तो नचनिया के मुँह से एक फूहड़ गाली निकल आई, "का हो चौधरी के बाप, तू भी हमरे ही गले पड़ा है।" उसने कस-कसकर तीन पैने मारे, "साले नहीं तो, हजार बार कहा, बाप है तो बाप की तरह रखे। काहे बैल का काम लेकर हमारे जी का कंटक बनाए बैठे हो? और बैल खरीदने की तागत नहीं है, तो बद्धी बना दो, हो गई छुट्टी! ये सारे मालिक लोग, इनका वश चले तो बाप को भी जोत दें।"

बग़ल के हलवाहे ने रस लिया, "और ई है का नचनिया भाई?"

नचनिया उसका नाम नहीं है, मगर नाच मंडली में नाचते रहने के कारण नाम गौण हो गया, यह विशेषण ही संज्ञा बन गया। वह जब भी कोई शिकायत लेकर जाता है मालिक के पास, कहते हैं, "रहने दो, रहने दो, नचनिया की जात हलवाही करने लगे तो फिर रोना काहे का? अरे, और कोई मिलता तो..."

वह मिचमिचा कर रह जाता। यह सही है कि वह नचनिया था और वही ज़िन्दगी उसे रास आती है, मगर उसमें भी स्थायित्व कहाँ? सहालग भर मौज़-मस्ती रह पाती है। यहाँ तो बाप का क़र्ज़ पटाने के एवज़ में उसे बाप की जगह भरनी पड़ी। बाप के चलते उसने ख़ुद को बद्धी बना दिया। आँख है तो देखो, कम साँसत उठानी पड़ती है!

आषाढ़ का पहला पानी, आम चूस-चूसकर मतंग बनी देह, उस पर पुरवाई बयार। याद आए अपने ही गाये बोल...

अँगना में पड़ता फुहार
ओसरवा में चल बलमू...

मगर सारी रसिकता झटककर वह चौधरी के यहाँ जा पहुँचा, बदन के पोर-पोर को चटकाते हुए। वहाँ बैलों को नहलाया, सींग में ईंगुर और सरसों का तेल मला, हल-फाल की मरम्मत कराई, खुरपी-हँसिए पर सान चढ़ाई और हल-बैल लेकर आ गया चौधरी के खेत में 'समहुत' करने। पर उसका क्या दोष, जब बैल ही साँड़ हो।

"अरे-अरे, फिर वही?"

"तब नचनिया!" पास के हलवाहे ने चुटकी ली, "आज तो चौधरी के घर नाक बुड़ाकर जीमोगे, चौधराइन के हाथ का। भौजी से चाँड़ है न?"

"हाँ, भइया!" कहकर मुरली उर्फ़ नचनिया की आँख में एक पल को चौधराइन की चुस्त-दुरुस्त, रोयें-रोयें से जोत टपकती मांसल काया, दूसरे पल अपनी घरवाली की ठठरी जलने-बुझने लगी। उसे आज परोसा में अच्छा खाना खिलाएगा, मगर परोसा? ध्यान हटाने के लिए उसने फिर दहिनवारे बैल को डाँटा, "यह देखो, सारे को, खाने के नाम पर कान पटपटाता है।" बैलों को जवाब देना आता तो पूछते, "और तुम? तुम क्या बड़ा-फुलौड़ी, कढ़ी, तस्मई, पूरी की बात नहीं सोच रहे हो?"

"और रात को गाना-बजाना?" दूसरे हलवाहे का सवाल।

...लभ टुनुक-टुनुक, लभ टुनुक-टुनुक, लभ टिलिलिलि-टिलिलिलि फट्!

उसके ज़ेहन में कौंध गया आज की रात का नज़ारा...उन्माद की तरह कुछ रेंगने लगा।

"अच्छा तो इस साल मृगडाह (मृगशिरा) खूब तपा।"

"हाँ!" वह जैसे नाच की महफ़िल से उनींदे जवाब देता है।

"आम भी खूब फले। फसल भी अच्छी होगी।" वे बढ़-बढ़कर ऐसे बतिया रहे थे गोया सब बाग़ें और फ़सलें उन्हीं की हों। मगन हो उठा था मुरली जैसे ढोलक के साथ झाल की जुगलबन्दी कर रहा हो—किटिकाँइ-किटिकाँइ-किटिट्रा...। "चलो बहादुरो! अब थोड़ा-सा ही रह गया है। चलकर दोनों सुस्ताएँगे। समहुत के दिन बस इतना ही।"

"नचनिया, लड़के की लेकिन पढ़ाई मत छुड़ाना और हलवाहा तो कबहुँ न बनने देना।" दूसरा हलवाहा इस ज़िन्दगी की दुखमय मीमांसा करने लगा।

"सब पंचन की दुआ है, भइया।" लड़के की बात आते ही जैसे ढपकी उठा ली है उसने, 'पुचथप-पुचथप-तक-चट्।' ढपकी जैसे फूट गई—"लो, सार फिर अड़ गया दहिनवारा।" उसने डाँटने के लिए मुँह खोला ही था कि कान में 'हे-हहा, हे-हहा...हे' की आवाज़ आई। पलट कर देखा, भभूती मिसिर अपनी गाय लेकर आ रहे थे और साँड़ बुला रहे थे। मुरली की सारी रंगीनी इस आवाज़ पर उखड़ गई। बैल काबू में कैसे किया जाए? बैल ने डकारा, जुआठ की ऐसी-की-तैसी कर गाय की ओर बढ़ गया। मुरली ने दूसरे हलवाहे को पुकारा और बैल के गले का पगहा लेकर आगे बढ़ा। पगहफाँस लग गई तो खोदते हुए लगा पैने से मारने और खींचने, मगर साँड़ का डर ठठेरे की बिल्ली की तरह दूर था। अब इस उन्मत्त बसहे को कैसे ठीक करे? दुविधा में वह बैल को घेरने के लिए आगे आया, थूथन पर पैना मारा। बैल ने आँखें मिचमिचाईं, ग़ुस्से में नथुने फड़काए और सींग चला दिया।

"आहि दादा!...जान गइल!" हृदय विदारक चीख़ पर आसमान झुक आया, हवा थम गई। बाग़ के पत्ते मुरझा गए। नुकीला सींग धँस चुका था पेट में। अँतड़ी निकल आई। बलबलाकर बहने लगा ख़ून मुरली के पेट से। फड़फड़ाने लगे परिन्दे की तरह उसकी आँख के वे सपने, जिसे उसने बेटे के माध्यम से सँजोये थे। जितना भी दुःख हो अपने सहना, बेटे को लेकिन पढ़ा-लिखाकर नौकरी करवाना। नाच-मंडली के साथ वह जगह-जगह घूमा है, रकम-रकम के लोगों से मिला है। तभी से उसने सपने पाल रखे हैं कि अपनी ज़िन्दगी अकारथ गई तो क्या, बेटे की नहीं जानी चाहिए।

भभूती मिसिर गाय के संग साँड़ को लिये घिसटाते चले गए। पास वाला हलवाहा दौड़ा, मुरली की अवस्था पर पहले तो बदहवास हुआ, फिर गमछे से उसके पेट को बाँधा और पीठ पर लिये-दिये जा पहुँचा मालिक देवी चौधरी के दुआर पर।

समहुत का दिन, चौधरी सत्यनारायण की कथा सुनकर निकले, अब रात की गौनई-बजनई का इन्तज़ाम करने वाले थे। तब तक मुरली के साथ इस

असामयिक और अचीते अघट की ख़बर मिली। कौन करे अब गाना-बजाना? ठट्ट के ठट्ट लोग दौड़ पड़े चौधरी के दुआर पर, होंठों पर एक मौन प्रश्न लिये—आज 'शुभ-समहुत' के दिन ही ऐसा अघट? हाँ, अघट के लिए कौन दिन शुभ और कौन अशुभ, मगर यह अघट किसी चौधरी के साथ नहीं, बल्कि किसी मुरली के साथ ही घटेगा।

मुरली की घरवाली अलग कारन करने लगी, "काहे दगा देलऽ ए दइबा? कवन कसूर मोसे भइल ए दइबा?" उसे ही सँभालना कठिन था।

सपनों का एक परिंदा उड़ा और किसी तक सन्देशा पहुँचा आया। उसके होंठ काँपे "बबुआ...!" लोगों ने उसके बेटे जयशंकर को आगे कर दिया। मुरली के हाथ उसको सहलाना चाहते थे। उसने डूबती आँखों से देवी चौधरी को देखा।

"फिकिर मत करो, मुरली।" देवी चौधरी थे, "मैं तुम्हारे परिवार को सहारा दूँगा। तुम्हारा बेटा मेरे पास रहेगा।"

जयशंकर की माँ के भीतर एक गोला जैसा फटा। उसने अचकचाकर बेटे को आड़ में कर लिया। मुरली भी ज़ोर लगाकर कुछ कहना चाहता था। उसके हाथ अजीब मुद्रा में हिलने लगे, "पहले...बैल...बधिया...करा..."

चौधरी के बड़े बेटे इंजीनियर साहब आगे आए और मुरली के सिर की तरफ़ बैठ गए। उसकी पपनियाँ उनकी ओर उठ गईं। उनके चलते ही बछड़े का बधिया न हो सका। देवी चौधरी तो अपने बाप के नाम पर उसे वृषोत्सर्ग करने वाले थे। इंजीनियर साहब नई-नई पढ़ाई करके आए थे, मना करने लगे कि पहले वाला वक़्त नहीं रहा, जब साँड़ इलाक़े का राजा होता था, किसी के खेत में चरने की उसे छूट थी। अब तो लोग साँड़ को बुरी तरह मारते भी हैं और जिसके नाम पर छोड़ा गया है उसकी सात पीढ़ी की औरतों के साथ शारीरिक सम्बन्ध भी बनाने लगते हैं। बछड़ा बेदागी रह गया तो चौधरी उसे हल में जोतने लगे। पहले वाला हलवाहा तो भाग गया दो-तीन बार की जुताई में। आ फँसा मुरली—एक तो बाप के काढ़े क़र्ज़ की विरासत, दूसरे बेटे को दुनिया में आगे पढ़ा पाने के चलते।

इंजीनियर साहब मुरली की मन्द पड़ती आँखों में झाँककर बोले, "घबराओ मत। तुम्हारा बेटा हलवाही नहीं करेगा। उसे मैं अपने साथ ले जाऊँगा।"

मुरली की घरवाली बेचैन हो उठी...तो क्या उसका बेटा भी अब इंजीनियर साहब के चंगुल में फँस जाएगा।

वह डहँक पड़ी, "नाहीं, हमरे बचवा को हमसे दूर ना करो, साहेब!"

"नाहीं...पहले बैल...का...बधिया..." कहने के लिए मुरली ने बची-खुची ऊर्जा को एकत्र किया। उसने पत्नी का हाथ पकड़ लिया। पत्नी समझ गई, उसके तरंग-संकेत को। इंजीनियर साहब एक घरेलू नौकर के लिए कब से जयशंकर पर आँखें गड़ाए हुए थे। मुरली पर उन्होंने कई तरह से दबाव दिया था, जयशंकर की नौकरी लगवा देने का, भविष्य सुधार देने का झाँसा तो अक्सर देते रहते थे।

लोग दबी ज़ुबान में हौल देने लगे—"मान लो चौधरी, मान लो मरने वाले की आखिरी इच्छा।"

चौधरी अपने इस धाकड़ बैल को लक्ष्मीपुत्र मानते थे। इसके आने के बाद ही उनकी खेती में बढ़ोतरी हुई थी, बड़े बेटे की तरक़्क़ी हुई थी। अब इस लक्ष्मीपुत्र का तड़पना कैसे देखते? छुटप्पन की बात अलग है, अब तो वह बछड़े से बैल क्या पूरा साँड़ बन गया है। लोगों के दबाव से वे चौकन्ने हो गए तो मुरली के कान के पास जाकर बोले, "बधिया करवाने की जिद्द छोड़ो। कहो तो इसी को तुम्हारे नाम पर छुट्टा छोड़ दूँ।"

मुरली के भीतर से जैसे कोई छाया निकली और एक ऊँचाई पर जाकर उड़ने लगी। उसके कान के पास ढढ़ (नगाड़े) बजने लगे...बैल को पटका जा रहा है...उसके मुँह में दही और चूड़ा डाला जा रहा है...पुराहित जी वृषोत्सर्ग का मंत्र उचार रहे हैं...त्रिशूल आग में तपकर 'धप-धप' लाल हो गया है... साँड़ दागने के लिए कई लोग 'जय महादेव-जय बसह' गुहराते हुए बैल को पकड़ लेते हैं। अरे...रे यह क्या? नटों का दल कहाँ से आ गया? बधिया करने के लिए भी तो बैल को ऐसे ही पटका जाता है। नटों की कतरनी चलती है—'कच्च'...बैल डकारने लगता है।

मुरली पीड़ा से ऐंठने लगा। निस्तेज पड़ती आँखों से सपनों के परिन्दे एक-एक करके उड़ने लगते हैं। "आह..." वह कराह उठा। दर्द की अन्तिम लहर उठी जैसे नटों की कतरनी सिर से पाँव तक उसे चीर गई हो। उसकी

जीभ अकड़ गई। पत्नी गिलहरी की भाँति उसकी छाती से चिपक गई मानो निकलते प्राण को किसी तरह रोक लेना चाहती हो। अलख प्राण तो अजानी राह निकल गए और वह निर्जीव काया को झकझोरती रही, "ई का कइल ए दइबा? तनी अँखिया खोल के देखऽऽऽ..." वह पति की आँखों के पपोटे खोलने लगी। लोगों ने बड़ी मुश्किल से उसे परे हटाया। वह अपनी कलाई की बदरंग हो गई चूड़ियों को एक-एक कर तोड़ने लगी थी। कुछ देर तक पागलों-सा कलपने के बाद गश खाकर पस्त हो गई।

जटाधारी मिसिर मुरली की नब्ज़ टटोलने लगे। तुरन्त ही नकार में मूँड़ी हिलाते हुए वह बोले, "अब कुच्छो नाहीं बचा। राम हो? माया की देह..."

"इसी भाँति मुरली का काल बनकर आया था।"

"होनी के पास एक-एक साँस का हिसाब है। राई घटे ना तिल बढ़े, बिधना जो लिखे लिलार।" जटाधारी मिसिर ने गहरी साँस ली।

किसी ने आतंकित होकर कहा, "अकाल मौत हुई है। न जाने आत्मा कहाँ-कहाँ भटकेगी, किस-किस को तंग करेगी?"

देवी चौधरी दहल गए। वह मुरली की बिरादरी के एक सयाने को बुलाकर समझाने लगे, "जयशंकर से आगि दिलवाओ। मिट्टी की परवाह जल्दी हो जानी चाहिए। हाँ, दाह और किरिया-करम का सारा जिम्मा मैं लेता हूँ।"

लोग उनकी दरियादिली पर मन-ही-मन 'अश-अश' कर उठे। किसी ने जयशंकर को आगे कर दिया। वह बिटर-बिटर ताक रहा था कभी चौधरी को, कभी माँ को और कभी अडोल पड़े बाप को। वह रोना भी भूल गया था।

मुरली बहू के कानों में भनक पड़ते ही उसकी छठी इन्द्रिय जाग उठी। उसने हक्का-बक्का होकर चौधरी को देखा। अजब आक्रोश था उन आँखों में। चौधरी के शरीर में फुरहरी दौड़ गई। कतराते हुए उन्होंने ढाढ़स बँधाया, "दुखी मत होवो, जयशंकर की माई! अब कुछ नहीं किया जा सकता। किसे पता था, मुरली इतनी जल्दी साथ छोड़ जाएगा। जी कड़ा करो और बारहों पुरवा को न्यौता दो। श्राद्ध ऐसा करवाओ कि मुरली की आत्मा को शान्ति मिले। सारा विधि-व्यवहार मैं करवाऊँगा।"

"ई किरपा रहने दें, मालिक!" वह निष्ठुर होकर बोली।

"कृपा की कौन बात है?" चौधरी को बड़ा ख़राब लगा। दूसरा मौक़ा होता तो ऐसी डाँट पिलाते कि सारी बकवास जाती रहती। मौक़े की नज़ाकत को समझते हुए उन्होंने पूरे मिठप्पन के साथ कहा, "मुरली मेरा भाई सरीखा था। मैंने कभी उसको गैर समझा क्या?"

"काम-किरिया में खरचा करिएगा तो चुकाना हमें ही पड़ेगा न, चौधरी मालिक!" उसने रूखेपन के साथ उत्तर दिया।

"मेहरारू की जात, ठहरी मूरख की मूरख। पगली, मैं करजा थोड़े दे रहा हूँ।"

"हमरा मालूम बा सरकार। करजा बोल के आपने कब दिया, लेकिन अइसने काज-परोजन, शादी-विवाह के मौके पर मदद देकर आप हमरे मरद से खेत जोतवाते रहे। इसी में उनकी जान निकल गई। अब तो हमरे ऊपर दया करीं, मालिक!" वह बिलखने लगी।

"करज की बात करती हो तो पहले वाला ही क्या कम है?" चौधरी रुष्ट हो गए।

"अबहुँ मन नाहीं भरा? उनकर करजा उनके साथ गया। अब सरग में वसूल करिएगा।" वह उबल पड़ी।

बिरादरी वाले भी चौधरी के प्रति मोहग्रस्त थे। वे उसी को डाँटने लगे, "बेशी फटर-फटर मत कर। मालिक जैसा कहते हैं वैसा कर। नाबालिग लड़का लेके कहाँ-कहाँ छिछियाती फिरोगी?"

"मैं जबकि कह रहा हूँ, जयशंकर को अपने साथ रखूँगा। उमर हो जाने पर अपने ही विभाग में कहीं-न-कहीं हीले लगा दूँगा।" इंजीनियर साहब ने लोगों को बताया, "मुरली मुझसे अक्सर कहता था कि साहेब इसका भी जुगाड़ कहीं आप ही बैठवा दीजिएगा। वो तो मैं चाहता था कि जरा पढ़-लिख ले तो अच्छी जगह मिल जाएगी। खैर, तब तक इसे अपने साथ ही रखूँगा और जगह मिलते ही न होगा तो अप्रेंटिस पर रखवा दूँगा।"

"अब क्या चाहिए तुझे मुरली बहू? चौधरी जी और इंजीनियर साहेब हर तरह से मदद देने को तैयार हैं।" एक साथ कई लोगों ने कहा।

"कुटौनी-पिसौनी करके खा लूँगी, लेकिन बेटे को उसी चकरी में नाहीं जोतने दूँगी।" उसने सिर पर आसमान उठा लिया, "चौधरी जी गाँव में रहने

देंगे तो ठीक, नाहीं तो कहीं भी चली जाऊँगी। धरती बहुत बड़ी है, मोरे पंचों!" परिस्थितियों ने उसके भीतर ग़ज़ब का आत्मविश्वास पैदा कर दिया। वह बिरादरी वालों की ग़ैरत पर लानत भेजते हुए पति की लाश को अकेले उठाने लगी, "हम अकेले इनकी माटी को मसान घाट ले जाइब, बाकिर केहु के मुँह ना जोहब कि किरिया-करम कइसन होई कइसन ना!"

बिरादरी वाले एक अकेली औरत की हिम्मत देख दंग रह गए। लज्जावश कई लोग आगे बढ़ आए और मुरली की लाश को अर्थी पर रखने लगे।

देवी चौधरी अवश होकर उनका जाना देखते रहे। उन्होंने आख़िरी चेतावनी दी, "सनकी मत बन, जयशंकर की माई! मुरली को प्रेतयोनि में भटकने से रोको। मैं इसी बछड़े को मुरली के नाम पर साँड़ छोड़ दूँगा। तुम तो आगा-पीछा कुछ सोचती नहीं, मगर मुझे तो जयशंकर की चिन्ता है।" चौधरी आज ऐसे बोल रहे थे मानो दुनिया-भर की दया उनके दिल में उमड़ पड़ी हो।

"जानत हईं मालिक" हमेशा सिर झुका कर रहने वाली मुरली बहू में न जाने कहाँ की वाचालता आ गई थी। उसने बेभाव जवाब दिया "अपने बछड़े को साँड़ बनाइएगा अउर हमरे बछड़े का बधिया करवाइएगा। इहे ना इरादा है, मालिक! ससुर के बाद हमरा मरद आपके हियाँ बैल बना, अब हमरे बेटे पर भी टकटकी लगाए हैं। ई आशा छोड़ दें, मालिक।" उसे लगा कि पति की आत्मा आज सही अर्थों में मुक्त हुई है।

[अप्रैल-जून, 1987 में 'जनसंस्कृति' में प्रकाशित]

लक्ष्मी के पाँव

जीवराज ने वह सड़क छोड़ दी। वे जल्दी-जल्दी चलने लगे। लग रहा था जैसे सारे शहर की आँखें उन पर ही केन्द्रित हो गई हों...सड़क पर चलने वाला प्रत्येक व्यक्ति उन्हें भेदी नज़रों से देख रहा हो। उनका दिल धक-धक करने लगा। मारे घबराहट के पसीना छूटने लगा। वे अचानक अपने को शर्मनाक हालत में महसूस करने लगे। पैंट और कुर्ते पर हाथ फिराकर इत्मीनान किया, कहीं कुछ सचमुच नंगा तो नहीं हो गए हैं। सोचने लगे कि किसकी नज़र उन पर जा सकती थी। मोची फुटपाथ पर ही बैठा हुआ था। कहीं उसने देख ही न लिया हो। पर उन्हें पूर्णतः होश था। वह पॉलिश करवाने वाले एक आदमी से उलझा हुआ था। उनके साथ जहाँ घटना घटी थी, उससे कुछ फ़ासले पर 'शोभा वस्त्रालय' था। उसका बूढ़ा मालिक सड़क से गुज़रने वालों को यूँ घूरा करता था, जैसे सब के सब उसकी दुकान से कुछ-न-कुछ लेंगे ही। बूढ़े ने ही उन्हें आवाज़ लगाई थी। जीवराज ने कड़ाई के साथ निर्णय लिया कि बूढ़े मालिक की दृष्टि उन पर पड़ नहीं सकती थी। उन्होंने बड़ी सावधानी और सफ़ाई से वह काम कर लिया था।

वे फ़ुर्ती से एक गली में घुस पड़े। वहाँ भी चौंक-से पड़ते थे। एकाएक उन्हें डर लगने लगा। उन्होंने छाती को हाथ से दबाया। कुर्ते की जेब में वह चीज़ सही-सलामत थी और उसका उभार उन्हें सन्तोष दे गया। गली सीधी और चौड़ी थी। सड़क अभी भी स्पष्ट दिखलाई पड़ रही थी। उन्होंने सामने देखा;

तो होश उड़ गए। गश्ती पुलिस की जीप सर्र से गुज़र गई। वे एक अनाम भय से बुरी तरह आतंकित हो गए। थाना-पुलिस की सोच ने ही उनको झकझोर डाला। उनके चारों तरफ़ हथकड़ियाँ खनखनाने लगीं। फिर थाने की वह मेज़ जो कई सालों से एक समान स्थिति में पड़ी हुई थी, सामने कौंध गई। दरोगा मुख्तार सिंह अपनी चिरपरिचित मुद्रा में बैठा हुआ दिखलाई पड़ गया...बाएँ हाथ से मूँछ उमेठते हुए और दाएँ हाथ से मेज़ खुरचते हुए। मुख्तार सिंह का झपट्टा सीधे जीवराज की जेब पर पड़ता है और एक करारा घूँसा उनके चेहरे पर। ख़ून बहकर फैलने लगता है। उन्होंने कनपट्टी पर तर्जनी घिसी। उसे सामने लाकर देखा; तो स्वयं पर हँसे बिना न रह सके। ख़ून-वून कुछ नहीं था, बल्कि नहाने के बाद उन्होंने सरसों का तेल लगा लिया था और वह पसीने के साथ मिलकर नीचे बह रहा था। उन्होंने सन्तोष की साँस ली कि किसी थाने-वाने में नहीं, बल्कि गली में आगे बढ़े जा रहे हैं।

वे बड़ी खिन्न मन:स्थिति में घर से निकले थे। अब तो उन्हें याद भी नहीं आता कि कितने दिन हो गए ढंग से ख़ुश हुए। अब तो ज़िन्दगी इतनी कसती जा रही है कि उन्होंने किसी ज़बरदस्त कड़कड़ाहट-भरी टूटन की प्रतीक्षा करनी शुरू कर दी है। ढंग से नींद भी नहीं आती, जैसे किसी ने उसका अपहरण कर लिया हो। बिस्तर पर पड़ी काया करवटें बदलती रहती है और वे नींद की बाट जोहते रहते हैं। वे स्वयं पर आश्चर्य करते हैं कि उनके साथ ऐसा कैसे हो गया! इसमें किसका दोष है, ठीक से समझ नहीं पाते हैं। नींद आने के लिए वे दफ़्तर में काफ़ी देर तक और लगातार काम करने लगे थे, ताकि बदन थक कर चूर-चूर हो जाए। कम-से-कम इससे रात को शान्ति तो मिले। किसी वैद्य ने उनको बताया था...व्यक्ति को जब लगने लगे कि वह बहुत चिन्तित हो रहा है, तो उसे सो जाना चाहिए, ताकि अगले दिन तरोताज़ा होकर उठे और नया काम तन्मयता में शुरू करे। लगातार काम करने से उनके हिस्से का काम बहुत जल्द समाप्त हो जाया करता था। फिर उन्हें ख़ाली बैठना पड़ता था।

काम निबटा चुकने के बाद एक दिन ऐसे ही बैठे हुए थे, तब तक बॉस ने आ दबोचा, "चुपचाप क्यों बैठे हुए हैं?"

"सर, मेरा काम खत्म हो गया है।" उन्होंने चलता हुआ-सा जवाब दे डाला था।

"तो...आकर मुझसे ले जाइए काम। 'आउट-पुट' कुछ-न-कुछ दिखाना पड़ेगा।"

वे सन्न रह गए। इतना काम करने के बावजूद उनके 'आउट-पुट' से बॉस सन्तुष्ट नहीं हैं। बॉस ने उनके ज़िम्मे पिछले पाँच सालों से पेंडिंग पड़े 'बैंक स्क्रोल' का काम दे डाला। ऑडिटरों ने उसे इस बार बुरी तरह पकड़ लिया था। जीवराज बाबू निर्विकार भाव से सब कुछ करने लगे। उस पर 'कैश एकाउंट करेंट' करने वाला अमित, जिसे नौकरी में आए हुए कुछ साल ही हुए थे, क़रीब-क़रीब हर रोज़ टोटल चैक करने के लिए मिन्नत करने लगा था। यद्यपि जोड़ने का काम वह प्रिंटिंग कैलकुलेटर पर किया करता था, फिर भी आत्मविश्वास की कमी के कारण भूल पर भूलें कर दिया करता था। न चाहते हुए भी जीवराज उसकी सहायता कर दिया करते थे। उतने समय तक उनमें एक अहं भर जाया करता था, जैसे उतने समय के लिए अमित कुछ है ही नहीं...एकदम बौना-सा अस्तित्व है उसका। अमित की इस मक्खनबाज़ी पर "अरे जीवराज बाबू—आप ठहरे—पुराने आदमी—पुराना चावल ही पथ्य पड़ता है" वे कुढ़ जाते थे, मगर प्रकट में उस पर उपहास से लबालब मुस्कराहटें डाला करते थे। भले अमित या दफ़्तर के सब लोग उन पर सारा दिन उसी तरह उपहास-भरी प्रतिक्रिया व्यक्त करते रहें, जिस तरह वे टोटल चेक करते समय किया करते थे।

ऐसा नहीं कि जीवराज शुरू से ही अन्तर्मुखी क़िस्म के व्यक्ति रहे हों या समाज से कटा-छँटा रहना पसन्द करते हों। पहले-पहल जब वे नौकरी से लगे थे; तो उनमें उत्साह और जोश छलक-छलक पड़ते थे। वे यूनियन के कामों में सबसे बढ़-चढ़कर हिस्सा लिया करते थे। पुराने कर्मचारियों की मनहूस सूरत से उन्हें कोफ़्त होती थी...आख़िर ये लोग इतनी घुटन लिये हुए जी कैसे रहे हैं! उन्हें सामान्य बनाने के लिए वे तरह-तरह के मज़ाक़ किया करते थे, नसीहतें दिया करते थे कि इतनी मुरझाई हुई अवस्था में कोई निरन्तर रहे तो उसे 'मेलनकोलिया' नामक मनोरोग हो जा सकता है। लोग कुछ जवाब

न देकर मुस्करा भर दिया करते थे, गोया भेद खोले दे रहे हों, "बच्चू, अभी नया हो। जब गैस निकल जाएगी तो तुम्हीं ऐसे हो जाओगे जैसे गिरजे का चूहा हो जाता है।"

तब वे समझ भी नहीं सकते थे, क्योंकि गैस तो अभी उनमें भरनी शुरू ही हुई थी। शादी ऐसे श्वसुर की बेटी से हो गई जिससे अब सोचें तो सम्भव ही नहीं। वे पढ़ने में तेज़ थे, सो श्वसुर ने सोचा था, यह नौकरी तो जीवराज के लिए पहली सीढ़ी है। होनहार लड़का इससे बँधा थोड़े रहेगा। पर जीवराज इस नौकरी से गर्दन की मैल की तरह चिपक कर रह गए। तब उन्हें भी क्या मालूम था कि व्यक्ति को उन्नति करने के ऐसे ही अवसर मिलते; तो इस अवस्था-व्यवस्था में दुःख काहे का।

जीवराज बाबू अतीतजीवी नहीं हैं। पुराने दिनों को भूलकर वे निश्चिंत-सा हो गए थे। दुनियादारी ने ही उनकी हालत पिचके गुब्बारे की-सी कर दी थी। लाचारी में पत्नी को भी सहयोग का भाव अपना लेना पड़ा, फिर भी एक कसक उन्हें सालती रहती थी कि बाल-बच्चों को कभी सुख-आराम नहीं दे पाया।

बावजूद नौकरी के आर्थिक तंगी ने उनके पौरुष को ख़त्म कर डाला था। तनख़्वाह पाते ही उनका सिर फटने लगता था। इतने कम रुपयों में किस-किसको सन्तुष्ट किया जाए? कौन-सी चीज़ ज़रूरी है या किसको प्राथमिकता दी जाए? परिणामत: आवश्यक चीज़ को भी अनावश्यक खाते में डाल देना पड़ता था। सबसे पहले उन्होंने पत्र-पत्रिकाओं को पढ़ना छोड़ा, फिर सिनेमा, थियेटर देखना। अब वे इलाज के लिए होम्योपैथिक दवाइयों को पसन्द करने लगे थे। एक ज़माना था जब वे कहा करते थे, "यह होम्योपैथी भी अजीब है...यहाँ तो मुझे साइंस कम फ़िलॉसफी ज़्यादा मिलती है।" लेकिन दवाइयाँ सस्ती पड़ने के कारण वे इसे ही पसन्द करने लगे थे। इसके बाद तो फल-फूल और दूध पर भी कटौतियाँ की जाने लगीं। धीरे-धीरे उन्होंने उन तमाम चीज़ों को छोड़ दिया, जिनकी बदौलत आदमी आदमी रह पाता है। उनके लिए अब आदमी का जीना ही अहम हो गया। ज़िन्दगी भी बँधे-बँधाये ढर्रे पर चलने लगी। दफ़्तर, घर और बाज़ार के कुछेक लोग ही उनकी दुनिया होते गए।

व्रत-त्योहारों से उन्हें नफ़रत हो गई थी। सुनते कि अमुक त्योहार नज़दीक आने वाला है, उन्हें कँपकँपी छूटने लगती थी। फिर भी सामाजिकता के नाते, ग़लत समझते हुए भी, इनमें शरीक होना पड़ता था।

ऐसी परिस्थिति में बाज़ार की तरफ़ निकले थे। दीवाली के लिए उन्होंने खील, बतासे और दो रुपए की सोलह वाली मोमबत्ती भी ला रखी थी। पटाखे बाज़ार से ख़रीदने पर महँगे पड़ते, तो तय हो गया कि बारूद का पाउडर लेते आएँगे और बच्चे घर पर ही ख़त्म हो गई कॉपी के पन्नों से मनचाहा पटाखा तैयार कर लेंगे। बच्चे पहले तो ना-नुकुर करते रहे, मगर उन्होंने पत्नी को भी इस अभियान में शामिल कर लिया था। बच्चे क्या करते; मान गए। दीवाली के दिन कोई नया बर्तन भी आना चाहिए, इसलिए काफ़ी विचार-विमर्श के बाद उन्होंने स्टील का एक सस्ता, मगर आकर्षक कटोरा ख़रीद लिया था। पत्नी ने कटोरे की ज़बरदस्त उपयोगिता बताकर कमाल ही तो कर दिया। दीवाली के चौथे रोज़ बाद पड़ोस में एक बच्चे का अन्नप्राशन होने वाला था। जिस दम्पती को बच्चा हुआ था, उन्होंने जीवराज के सब बच्चों को अन्नप्राशन या जन्मदिन पर कुछ-न-कुछ उपहार दिया हुआ था। फ़ैसला हो गया कि यह कटोरा उपहार में ही दे दिया जाएगा। परन्तु नये कटोरे पर छोटी पिंकी ने बारम्बार दावा जताकर इस तरह अधिकार कर लिया था कि उससे कटोरे को छुड़ाना काफ़ी कठिन था। जीवराज समझ गए थे और मुस्कराते हुए पत्नी से कहा भी, "इसे पिंकी से अलग करवाने में कूटनीति का सहारा लेना पड़ेगा।"

दीवाली का तामझाम पूरा कर वे बेफ़िक्र-सा हो गए थे। लेकिन पत्नी ने ठीक दीवाली के दिन नया झमेला खड़ा कर दिया। वह कहने लगी, "अजी, सुनते हो...न जाने क्या किए से क्या होता है! तुम व्रत-उपवास से मुँह बिजकाते हो, मगर कौन सुखी हो? हम कभी चैन से रह नहीं पाए। पिछले साल से न जाने कौन-सा ग्रह का फेर है कि हाथ ख़ाली का ख़ाली ही रहता है। पिछली दीवाली को तुमने लक्ष्मीजी की जो तस्वीर लाई थी न, उसमें उनका पैर साफ़ झलक जा रहा है और लक्ष्मी का पैर दिखना बड़ा अशुभ माना जाता है। मुझे तो लगता है इसी से इस घर में कुछ ठहर नहीं पाता है। इतना पैसा आता है और न जाने कहाँ चला जाता है? जब से तस्वीर आई है, यह घर फूटी

गगरी हो रहा है।...न हो तो कोई दूसरी तस्वीर लेते आओ। इसे गंगा जी में सिरा आऊँगी।"

"यह कौन-सा नया अन्धविश्वास पाल लिया, तुमने? भला, ऐसा लक्ष्मी के पैर दीखने से हो रहा है। तस्वीर आने के पहले ही घर कौन भरा रहता था? अरी भलीमानस! अब आमदनी ही कम हो तो हाथ खाली कैसे न रहे?" उन्होंने समझाते हुए कहा।

"तुम मानोगे नहीं। पूजा के वास्ते सिर्फ खील और बतासे ला रखे हो। क्या इतनी-सी जानकारी भी नहीं रखनी है कि लक्ष्मी और गणेश की पूजा लड्डू के बिना नहीं होती?" वह बड़ी मनुहार से उनकी ठुड्डी पकड़कर गुनगुनाने लगी, "मोदक प्रिय मुद मंगल दाता..."

जीवराज ने लगभग चीख़ते हुए कहा, "छोड़ो...ये सब जड़ बातें। पूजा-पाठ निरा ढकोसला है...ढकोसला। भगवान-वगवान की बातें अपने तक सीमित रखो। इन सब में मुझे मत-घसीटो। जब तक लोग यह समझते रहेंगे कि भगवान ही सबको रिज़क देते हैं...धन-दौलत देते हैं, तब तक लोग ग़रीबी से छुटकारा नहीं पा सकते हैं। वस्तुस्थिति समझ में आते ही वे..."

वह झटका खा गई। बिफर पड़ी, "कैसी वस्तुस्थिति है, जो मेरी समझ में नहीं आती? लगता है एक तुम्हीं हो जो दुनिया ऊपर पढ़-लिख गए हो। भगवान को कोस कर ही कौन-सा जग जीत लाते हो? कोई काम करना चाहूँ तो सीख देने लगते हो। यह मत करो...वह मत करो...जब आमदनी कम हो तो ऐसा नहीं करना चाहिए...सुनते-सुनते तंग आ गई हूँ। मैं ज़्यादा आमदनी करने से रोकने तो नहीं जाती? मर्द नहीं हूँ कि कमाकर लाऊँ। फूटी कौड़ी का सुख नहीं मिला और ज्ञानी-पंडित बनकर धौंस जताते रहते हो। कोई बूढ़े तो हो नहीं...आमदनी करो...खर्च करो, मैं आड़े नहीं आऊँगी।"

"तुम रही नासमझ। प्रत्येक बात का ग़लत अर्थ निकाल लेती हो। अरे भाई, अब क्या करूँ? कहाँ से तुम्हारे लिए रुपयों की झोली भर लाऊँ?" वे कुछ कहने वाले थे कि मर्द तो नहीं हो, लेकिन आजकल औरतें भी नौकरी करने लगी हैं। उनके सामने चटर्जी दम्पती, जो दोनों मियाँ-बीवी नौकरी करते थे एवं ठाठ से रहते थे, का हँसता हुआ चेहरा घूम गया। फिर भी जीवराज बाबू चुप रह गए।

"रखे रहो...मुझे झोली की जरूरत नहीं है। चौदह रुपए किलो के भाव से सात रुपए का आधा किलो लड्डू और पाँच रुपए की तस्वीर...कुल जमा बारह रुपए का नाम सुनते ही तुम्हारी धोती ढीली पड़ने लगी। साल का शुभ दिन भी क्यों न हो, मुझे रुलाये बिना तुम्हें कल नहीं पड़ता।" वह सुबकने लगी।

"जिसे आँख में अँगुली डालकर रोने की आदत हो, उसे गुदगुदाने पर भी हँसी नहीं आती। कोस लो पिंकी की माँ...जितना मन हो कोस लो...मलाल मत रखो। पैसे ही से मर्द की मर्दानगी है और वही नहीं है मेरे पास, वरना ला पटकता तुम्हारे सामने। तब कहता, उड़ाओ गुलछर्रे, महारानी जी।" व्यंग्य से उनका चेहरा टेढ़ा हो गया।

"रहने दो। खाने-पीने में पैसे खर्च होते हैं...वह भी बन्द हो जाना चाहिए। आज से सब पानी पी-पी कर सो जाएँगे। भोजन पकाने की जरूरत नहीं है।" वह सिर ठोंकती हुई दूसरे कमरे में चली गई। वह फुसफुसाती हुई ऐसी भाषा का प्रयोग करने लगी, जिसे जीवराज संध्या-भाषा कहते थे।

जीवराज समझ गए कि भूतपूर्व इनकम टैक्स अफ़सर की बेटी ऐसे मानने वाली नहीं है। वह इतने दिनों से उनके साथ घर चला रही है, अपने आप में कम नहीं है। कहाँ उसके मैके वालों का जीवन स्तर इतना ऊँचा और कहाँ अपने साथ की यह ग़ुर्बतज़दगी। उकता कर बोले, "ग़ुस्सा थूक दो भाई। लाओ... तकिये के ग़िलाफ़ में बारह रुपए होंगे।...और हाँ, इसके पहले ज़रा चाय बना दो...तब जाऊँ बाज़ार। तस्वीर के पाँच रुपए ही लगेंगे न?"

वह चुपचाप बारह रुपए उठा लाई और स्टोव को माचिस दिखाने लगी।

जीवराज ने चाय का कप पकड़ते हुए उसकी आँखों में झाँककर जुमला मारा, "मेरी दोस्त, मुझे ज़रा समझने की कोशिश किया करो।" और बाईं आँख दबा दी, "यार, मेरी तो दिली इच्छा है कि एक अपनी भी...साथ-साथ की तस्वीर हो जाती...।"

मुस्कराने का असफल प्रयास करते हुए बोली, "ऐसा शौकीन ही रहते तो करम क्यों कूटती।"

वे पूरे मूड में थे, "मैं क्या कम शौक़ीन हूँ? यह अलग है कि अपनी रुचि ज़रा उम्दा क़िस्म की है। और ये कि...

एक से जब दो हुए तो लुत्फ़े-तनहाई नहीं
इसीलिए तस्वीरें जानां हमने खिंचवाई नहीं।"

उसने उनके मुँह पर हथेली रख दी, जैसे कह रही हो कि इसके आगे कुछ मत बोलो, क्योंकि तुम्हें समझने की कोशिश नहीं करती तो इतने दिन साथ कैसे निभता!

उन्होंने बाज़ार का रास्ता पकड़ लिया था। वे सड़क के एकदम बाईं ओर चला करते थे। काफ़ी प्रयत्नों के बाद उन्होंने ऐसा अभ्यास किया था। पहले सड़क के बीचोबीच चला करते थे। उनका एक दोस्त तनवीर, जो एक बार पाकिस्तान हो आया था, बार-बार कहा करता था, "बाईं ओर चलने की आदत बना लो। सच यार! तुम्हें बड़ी तकलीफ़ होगी, जब मार्शल लॉ लगेगा। वहाँ तो कोड़ा फटकारने लगते हैं और हिन्दोस्तां के अन्दरूनी हालात देखते हुए लगता है, यहाँ भी मार्शल लॉ लगने में देर नहीं है।" तब से उन्होंने अपनी आदत सुधार ली थी।

सड़क पर अधिक लोग नहीं थे। उन्होंने बाईं ओर वाले फुटपाथ से जैसे ही मोड़ लिया कि दाईं ओर वाले फुटपाथ पर एक चौकोर लाल चीज़ पड़ी हुई दीख गई। ध्यान न देते हुए वे आगे बढ़ गए। फिर सोचा कि देख लेने में हर्ज नहीं है। वे ठिठक गए। दोनों ओर मुँह घुमाकर देखा, कोई गाड़ी आ नहीं रही थी। चुपचाप सड़क पार कर ली और दाईं ओर आ गए। वहाँ एक मनीबैग पड़ा हुआ था। उनकी छाती धड़कने लगी तो तेज़ी से आगे बढ़ गए। मन में सोचने लगे, किसका हो सकता है? उनके परिचितों के पास ऐसा मनीबैग नहीं था। उन्होंने उसे उठा लेने का फ़ैसला किया। वे घूमकर पुन: उस स्थान तक गए। सहमी नज़र से चारों ओर मुआयना करके उन्होंने अपना थैला, इस ख़याल से कि उसे उठाते समय मुट्ठी में मनीबैग दबोच लेंगे और यदि कोई देखे भी तो यह समझे कि अपना थैला उठा रहे हैं, नीचे गिरा दिया। मोची एक आदमी से उलझा हुआ था। वे आगे बढ़ने को हुए तब तक 'शोभा वस्त्रालय' का बूढ़ा मालिक पुकार बैठा, "एजी...ओ साहब।...हाँ...हाँ...आपको ही। झोला गिराये जा रहे हैं।"

वे काँप गए। क्या उसने सारी प्रक्रिया देख डाली है? काफ़ी साहस बटोर कर झोले तक गए। वहीं से बूढ़े मालिक को धन्यवाद दिया और पलक झपकते

ही बैग सहित झोला उठाकर चल पड़े। पीठ पीछे बूढ़े का बड़बड़ाना जारी था, "कैसे-कैसे लोग होते हैं। झोला गिर गया, मगर पता तक नहीं।"

जीवराज की छाती धौंकनी की तरह चलने लगी। झोला उठाते समय अग़ल-बग़ल गौर से देख नहीं लेने का अफ़सोस भी हो रहा था। सम्भव है वहाँ कुछ और मिल जाए। लोभ कोंचने लगा तो लौटकर उस जगह तक गए। खोजी दृष्टि से देखा...कहीं कुछ नहीं था। अपने आप पर शर्मिन्दा हो गए। झेंप मिटाने के लिए 'शोभा वस्त्रालय' की ओर देखा तो बूढ़ा मालिक इधर ही ताक रहा था। उसने पूछ ही लिया, "फिर...? क्या बात है बाबू?"

उनकी बोली गले में अटक कर रह गई। बहुत प्रयत्न के बाद जीभ दाँतों से दबी हुई बाहर आई और इतना बोल सके, "जी कुछ नहीं। झोले में पैसे रख दिए थे...देख लिया, कहीं गिर न गए हों।"

"साहब। ग़लत आदत है। पैसे झोले में न रख...पॉकेट के अन्दर... मनीबैग में रखिए।"

उन्हें लगा कि बूढ़ा शरारतन व्यंग्य कर रहा है, पर मुस्करा कर रह गए कि मनीबैग कौन-सा सुरक्षित रह पाता है। आगे बढ़ने पर उन्हें एक ख़ाली स्थान नज़र आया। उन्होंने झोले के नीचे से मनीबैग निकाल कर काफ़ी सावधानीपूर्वक कुरते की भीतरी जेब में रख लिया। जेब तनिक फूल आई तो हाथ से दबा कर ठीक कर लिया।

गली के बाहर आ जाने पर उनकी घबराहट का स्थान उत्सुकता ने ले लिया। वे अनुमान करने लगे, 'बैग में क्या हो सकता है? ऊपर से देखने में लगता है किसी अच्छे आदमी का होगा। भीतर भी मोटी रकम होगी। सौ...दो सौ...हज़ार...हुँह...बिना देखे...सिर्फ़ कयास पर क्या कहा जाए?' उन्हें रोमांच हो आया। पैर जल्दी-जल्दी उठने लगे, इस सोच के साथ, 'सच। पुरुष का भाग्य कोई नहीं जानता। वह कब बुलन्दी छू ले, बताना मुश्किल है।...राम सहाय तो घर बैठल देवे।'

उनमें एक अतिरिक्त उल्लास घुसपैठ कर चुका था। 'मैंने सिर्फ दुःख ही दुःख उठाए हैं। तकदीर आज मेहरबान है। अन्यथा ऐन दीवाली के दिन इस तरह पड़ा हुआ धन नहीं मिलता। कोई रहस्य है ज़रूर। दीवाली के दिन कुछ

मिलना स्वयं में अर्थपूर्ण है। किसी दूसरे को क्यों नहीं मिला? शायद, मेरी तकलीफ़ों का अन्त होने वाला है। पिंकी की माँ को चकित कर दूँगा। लड्डू दो किलो से कम नहीं लेना चाहिए। 'अजन्ता पिक्चर हाउस' से लक्ष्मी जी की एक सुन्दर और बड़ी-सी तस्वीर ले लूँगा। मैं तो यह सब नहीं मानता, पर कौन जाने वह पूजा-पाठ करती रहती है...शायद उसके चलते ही आज ऐसा दिन देखने को मिला। उतावला नहीं बनना चाहिए। पैसा मिला है तो काफ़ी सोच-समझकर ख़र्चा करना है। अभी से क्यों सूची बनाने लगूँ कि यह करना है...वह करना है।

बैग देखने के लिए वे उचित जगह तलाशने लगे। नगर निगम का सुलभ शौचालय दीख गया। झट भीतर घुस पड़े। रुपए गिनने में देर हो और बाहर लाइन न लग जाए। उन्होंने दरवाज़े की झिरी से लगकर दो मिनट तक बाहर देखा किया और आश्वस्त होकर बैग निकाला। बैग खोलते ही उन्हें ऐसा लगा, जैसे किसी ने ऊपर से तेज़ फ्लश चला दिया हो और वे कमोड से फिसलते हुए पाख़ाने की टंकी में जा गिरे हों। सामने अँधेरा छा गया। काफ़ी देर तक शौचालय की दीवार पकड़ कर खड़े रहे। उन्होंने दीवार की तरफ़ आँख उठाई। उनका दम घुटने लगा तो हड़बड़ा कर बाहर निकल पड़े।

दफ़्तर के कलीग मेहता ने उन्हें बाहर निकलते हुए देख लिया था। सड़क से ही चिल्ला पड़ा, "जीवराज बाबू, आप? इधर कैसे आए? आइए साथ चलते हैं।"

वे खीज उठे, "पूछिए मत, मेहता जी। पेट ख़राब हो गया है।" और शीघ्रता से शौचालय में जा घुसे। उन्हें सारी दुनिया पर क्रोध हो गया। ज़माने पर तरस खाने लगे कि आजकल लोग कितने कम पैसे लेकर चलते हैं। इतना सुन्दर मनीबैग और उसमें निकला—एक लॉटरी का टिकट और सिर्फ दो रुपए। उनकी आशाओं पर पानी फिर गया। किसी तरह दिलासा देते हुए आगे बढ़े—चलो दो रुपए ही सही, दीवाली के दिन कुछ तो मिला। पहले के बारह रुपयों को भी उसी मनीबैग में सहेज दिया।

उनके मन में एक बचकानी-सी इच्छा जाग्रत हुई कि इन दो रुपयों से एक बड़ा-सा आसमानी पटाखा ले लेंगे और उसे रात को बारह बजे छोड़ देंगे।

उस समय तक सबके पटाखे प्राय: शान्त हो चुके रहेंगे। उनका आसमानी जब आकाश में ऊँचा उड़कर जलेगा तो ऐसा लगेगा जैसे उनकी हैसियत ही सारे शहर को नीचा दिखाते हुए ऊँचाई पर जा बैठी है।

लड्डू वाले की दुकान आ गई थी। उन्होंने आधा किलो लड्डू तौलवाया और सात रुपए निकाल कर दिए।

दुकानदार ने और एक रुपया माँगा।

"क्यों...? चौदह रुपए के भाव से आधा किलो के कितने?"

"अब सोलह रुपए किलो है।" दुकानदार ने शान्त-सा जवाब दिया।

उन्होंने चौंकते हुए कहा, "भाव कल तक चौदह रुपए था, आज अचानक कैसे बढ़ गया?"

"दीवाली है न बाबू। चीनी और घी भी महँगे हो गए हैं।"

जीवराज ने रूखे दिल से आठ रुपए थमा दिए। वहाँ से फ़ोटोवाले के पास जाना था।

एक साइज की लक्ष्मी की कई तस्वीरें करीने से रखी हुई थीं। एक तस्वीर तनिक बड़ी और बेहद आकर्षक थी। उन्होंने उसकी क़ीमत पूछी। दुकानदार सौ रुपए बोला।

"भई, इसकी विशेषता?"

"इसमें रंगों का काम सोने के पानी से किया गया है। यह गोदामों या गद्दियों में रखने के लिए है।"

"...और उस छोटी वाली की...?"

"छह रुपए।"

वे बेचैनी महसूस करने लगे। "मेरी पत्नी कल ही पूछकर गई है। इसे तुम पाँच रुपए में दे रहे थे। एकाएक भाव कैसे बढ़ गया?"

"ठीक तो...कल पाँच रुपए में दे रहा था, कल ही ले लेना चाहिए था। आज दीवाली है न।" फोटो वाला बहस से निर्लिप्त रहते हुए बोला।

"दे दो...पाँच रुपए में दे दो। दीवाली के दिन दाम बढ़ाना ज़रूरी है क्या?"

"बाबू, आज मोल-तोल कुछ नहीं। लेना हो लीजिए, नहीं तो पड़ी रहेगी।"

"मान लो, कोई कल वाले भाव के मुताबिक़ पैसा लेकर चले तो?"

"अरे नहीं बाबू। किसकी जेब में पैसे नहीं हैं आजकल।"

उन्होंने क्रोध में आकर छह रुपए दे डाले और तस्वीर उठा ली। वे सोचने लगे, 'घर से मात्र बारह रुपए लेकर चला था। यदि ये रुपए रास्ते में नहीं मिलते तो खाली हाथ अथवा दो में से कोई एक को लेकर घर जाना पड़ता। पिंकी की माँ कहती, मैंने जानबूझ कर नहीं लिया।'

उन्हें दुकानदार, जिनके ऊपर कोई अंकुश नहीं है, लुटेरे नज़र आने लगे। जब और जितना चाहें दाम बढ़ा लें...कोई रोकने वाला नहीं...किसी का कंट्रोल नहीं। वे दुकानदार एवं बाज़ार-तंत्र को कोसते हुए घर लौट गए। इतना सन्तोष था कि दो रुपए मिल जाने से घर में दुबारा लड़ाई होने से बच गई।

वे लड्डू का पैकेट एवं तस्वीर पत्नी को पकड़ाते हुए बोले, "मान गया पिंकी की माँ...मान गया। सचमुच, लक्ष्मी के पैर होते हैं। वे पैर इतने तेज़ चलते हैं कि उन्हें पकड़ पाना सबके वश का नहीं। पकड़े तो सिर्फ़ बाज़ार भाव पकड़ सकता है। जिस देश में बाज़ार पर कोई नियंत्रण नहीं हो, ज़ाहिरा तौर पर वहाँ लक्ष्मी का पैर दीखना उनके लिए अशुभ है, जो उसे पकड़ नहीं पाते हों।" उन्होंने बाक़ी घटना को छुपा लिया था।

"बस...बस ताना मत मारो।" वह रसोई की तरफ़ चली गई।

जीवराज बाबू निढाल होकर पलंग पर जा लेटे।

शाम का धुँधलका रात की कालिमा में बदलने लगा था। लोग अपने घरों के सामने दीप मालाएँ सजाने लगे थे। जीवराज के बच्चे भी अत्यधिक उत्साह में मोमबत्ती को यथास्थान चिपका रहे थे। पटाखों के शोर से कान फटे जा रहे थे। बारूद की दुर्गन्ध और कढ़ाई में पक रहे पकवानों की सुगन्ध मिला-जुला प्रभाव डाल रही थी।

पिंकी की माँ नई आई तस्वीर के सामने ध्यानमग्न हो पूजा कर रही थी। बच्चे पटाखे छोड़ने में मस्त थे। पर माँ को पूजा करते देख घर के अन्दर आ घुसे। प्रसाद के लालच में अब तक साथ-साथ खेलने वाले ये भाई-बहन एक-दूसरे से खामोश अदावत बढ़ाने लगे। उनका दिल अपने से दूसरे को सबसे बड़ा खाऊमल घोषित कर रहा था। कहीं दूसरे को प्रसाद ज़्यादा न मिल जाए, इस डर से उन लोगों ने एक सायास सावधानी भी बरत रखी थी। वे ख़ामोश थे।

कुछ देर चुप रहने के बाद एक ने दूसरे से पूछा, "जानते हो, दीवाली क्यों मनाई जाती है?"

दूसरा दौड़कर 'भाषा सरिता' किताब उठा लाया और सुनाने लगा, "बहुत पहले की बात है। श्रीरामचन्द्र जी लंका से रावण विजय के बाद अयोध्या लौटे..."

जीवराज जी को बेचैनी महसूस होने लगी। उनमें भी बच्चों का-सा नटखटपन भर गया। बच्चों के बीच कूद पड़े, "तुम लोगों को कुछ मालूम नहीं है। ये किताब वाले एकदम झूठी और मनगढ़न्त बातें बनाते हैं...।"

"पिताजी," बड़के ने प्रतिवाद किया, "यह आप क्या कह रहे हैं? किताब में ऐसा ही लिखा हुआ है। आप पढ़कर देख लीजिए।"

"चुप रहो। मैं बताता हूँ, दीवाली क्यों मनाई जाती है।" वे कोई कहानी याद करने लगे। भूमिका में उन्होंने कहा, "बेटा, धन की मार सबसे प्रबल होती है। जिसे निर्बल करना है, सबसे पहले उसका धन छीन लो। मैं तुम्हें एक ऐसी कहानी सुनाने जा रहा हूँ, जिससे तुम समझ जाओगे कि दीवाली वही लोग मनाते हैं जो दूसरों का धन छीन कर उन्हें ग़रीब बने रहने देना ही पसन्द करते हैं। ये सेठ-साहूकार और धनवान लोग इसीलिए दीवाली मनाते हैं कि उनके द्वारा ग़रीब बना दिए गए लोगों को यह अहसास तक न हो पाए कि उनका धन छिन गया है।"

पूजा समाप्त हो चुकी थी। पिंकी की माँ गरज पड़ी, "अजी, क्या कर रहे हो? क्यों बच्चों को ऊलजलूल...ये कैसी फ़ालतू बातें बता रहे हो। तुम्हारा दिमाग तो खराब नहीं हो गया?"

"फ़ालतू बात? इन्हें वस्तुस्थिति समझा रहा हूँ कि ये भी तुम्हारे जैसा लक्ष्मी की तस्वीर के आगे घुटने टेके हुए, धनपतियों को दीवाली मनाता न देखते रहें। इन्हें अहसास हो जाए कि इनका हक़ छीना जा रहा है। इन्हें मालूम हो जाए कि लक्ष्मी के पैर दीखने के कारण नहीं, बल्कि कुछ दूसरा ही कारण है हमारे घरों में ग़रीबी छाये रहने का।" जीवराज ने कुढ़ते हुए एक लड्डू अपने मुँह में डाल लिया।

"वस्तुस्थिति समझाते-समझाते तो हार गए। जीवन-भर मुझे समझाया और अब बच्चों को समझा रहे हो। अपने जैसा इनको मत बनाओ। तुम्हें भगवान

से डर नहीं लगता, पर इससे कुछ कन-भूसा भी निकलना चाहिए। अपनी फूटी तकदीर को नहीं देखते और धनवानों को कोसा करते हो। वे धनी हैं... इसीलिए कि भगवान को तुम्हारे जैसा गाली नहीं दिया करते। भगवान की उन पर कृपा है...वे दीवाली क्यों नहीं मनाएँगे? बच्चों के दिमाग़ में अभी से ज़हर मत भरो।" वह तुनकते हुए बोली, "वस्तुस्थिति को तुमने भी समझ लिया है, मगर क्या कर पाए हो?"

"नहीं...मैं समझ नहीं पाया था। मेरा बाप कभी भी सही वस्तुस्थिति नहीं समझा पाया था। उसने मुझे हमेशा बचकर चलना सिखाया था। हाँ, जब मैंने समझ लिया, तब मेरी जवानी, सामर्थ्य और ऊर्जा समाप्त हो चुकी थी। सच्चाई यह भी है कि मेरे बाप ने मेरे लिए कुछ विरासत रख छोड़ी थी। और जिसके पास थोड़ी-सी विरासत रहती है उसके मन के किसी कोने में एक आशा दुबकी रहती है कि वह कभी-न-कभी बड़ा आदमी ज़रूर बनेगा। इसी आशा के चलते वह जोख़िम उठाना पसन्द नहीं करता। लेकिन मेरे बेटों के साथ यह बात नहीं है। मैं उनके लिए कुछ मीरास छोड़ ही नहीं जाऊँगा...सिवाय एक अन्तहीन भूख के। मैं उन्हें समझा दूँगा, ताकि वे जोख़िम उठाकर भी इस ग़लाज़त की ज़िन्दगी से निस्तार पाने की चेष्टा करें।" जीवराज का चेहरा तमतमाहट में विकृत हो चला था। ऐसा लग रहा था कि वे फूट-फूट कर रो पड़ेंगे।

पत्नी को दया आ गई। उसने उनसे क्षमा माँगने के अन्दाज़ में कहा, "मन छोटा मत करो जी। तुमने कोई अपराध नहीं किया है।...चलो, बच्चों को प्रसाद बाँट दो।"

बच्चे सहमे हुए-से कभी माँ को तो कभी पिता को ताक रहे थे। जीवराज ने एक लड्डू पत्नी को पकड़ाया और बच्चों को भी देने लगे। वह कहानी, जो बच्चों को सुनाई जाने वाली थी, जीवराज के सपनों की भाँति अधूरी रह गई।

दीये बुझने लगे तो सब जाकर सो गए, लेकिन उनके लिए यह रात बहुत भारी पड़ने लगी। कान के पास दर्जनों पटाखों के एक साथ फटने का-सा आभास हो रहा था।

वे आँखें मलते हुए दीवार की ओर देखने लगे। लक्ष्मी की तस्वीर के नीचे टिमटिमाता हुआ दीप जल रहा था। जैसे वे एनीमेटेड फ़िल्म देखने लगे...'लक्ष्मी

के हाथ से खनाखन सिक्के गिरने लगे हैं...जीवराज उनके बीच बैठे उन्हें गिन रहे हैं...एक...दो...सौ...हज़ार...दस हज़ार...लाख...पूरे लाख...एक लाख ही क्यों? न एक कम न एक बेशी। लक्ष्मी का वाहन उल्लू भी गिनने में मदद कर रहा है।' वे सचेत हुए, 'धत्तेरे की। लॉटरी पर एक लाख छपा हुआ है। साला, यही एक लाख सामने नाचने लगा था।'

मन को झटकाने के लिए उन्होंने पानी पीया। फिर भी तरह-तरह की सोचों से घिरते गए, 'यह लॉटरी। सरकार की कितनी ख़ूबसूरत चालाकी है। करोड़ों लोगों से रुपया बटोर कर किसी एक निकम्मे को हाथ-पैर डुलाये बिना लखपति बना देना। जुआ खेलना अपराध है। पर, लॉटरी...इसे सरकारी जुआ कहा जाए तो अतिशयोक्ति नहीं। अधिक-से-अधिक टिकट कटाने का लोगों के अन्दर एक नशे-सा होता जा रहा है। माँ-बाप लड़के को बाज़ार करने के लिए भेजते हैं और ये लड़के रुपए का घालमेल करके लॉटरी का टिकट ख़रीद डालते हैं। मैं लॉटरी को तमाम अनैतिक कामों में से एक मानता हूँ।'

लॉटरी को बुरा-भला कहने के बावजूद जीवराज के हृदय का एक कोना एक लाख रुपए के प्रभाव से अछूता नहीं रह पाया था। उनके अन्दर परस्पर विरोधी विचार उठने लगे। वे ख़ुद को कोसने लगे कि उनकी तकलीफ़ की जड़ उनका नास्तिक होना है। वे ख़ामोश विलाप-सा करने लगे, 'लगता है, मेरी परीक्षा ली गई है...रास्ते में दो रुपए मिलवा कर। हे प्रभु! भूल-चूक माफ़ करना...जो कुछ मैंने कहा है, एक उन्माद में आकर। इतने दिन तक तुम्हारे अस्तित्व पर अविश्वास करता रहा। क्या करूँ? तुम्हारे भक्त को तकलीफ़ हुई, इसीलिए न। मुझ पर नहीं तो मेरी पत्नी पर तुम्हें अवश्य प्रसन्न होना चाहिए। वह तुम्हें ध्यान में बसाये रखती है। शास्त्र कहता है पत्नी के पुण्य का आधा फल पति को भी मिलता है। मैं सब समझ गया...ये दो रुपए तुमने मेरी जाँच करने के लिए दिलवाए थे। असल खेल है इस लॉटरी का। कल ज़रूर कुछ होने वाला है। सच...कमला थिर नहीं रहि सकै...।'

सोचते-सोचते उनकी आँख लग गई थी।

सुबह के आठ बज गए थे। जीवराज बाबू अभी तक सोये हुए थे। पिंकी की माँ द्वारा झिंझोड़ कर जगाए जाने पर नींद टूटी।

"ऑफ़िस नहीं जाना है क्या?"

"कल काफ़ी रात हो गई थी सोने में।" वे अतिरिक्त उत्साह के साथ ऑफ़िस जाने के लिए तैयार हुए।

रास्ते में 'निराला लॉटरी एजेंसी' पड़ती थी। जीवराज ने मनीबैग से टिकट निकाला और मन-ही-मन लक्ष्मी को प्रणाम किया। दीवाली के दिन ही ड्रॉ हो चुका था। वे आने वाली ख़ुशी के लिए स्वयं को तैयार करने लगे।

एजेंट ने नम्बर मिलाते हुए अफ़सोस प्रकट किया, "बैडलक...बाबू। एक अंक के लिए आपका नम्बर कट गया है।"

जीवराज बाबू ने झपाक से टिकट छीन लिया। वे प्रतिक्रिया-शून्य हो गए। उनके सामने दो गोरे-गोरे कोमल पाँव नज़र आने लगे। महावर रचे उन पाँवों में रत्न मढ़े पायल और बिछवे थे। वे पाँव उनकी नज़र से ओझल होते हुए दूसरी तरफ़ मुड़ गए। अब केवल एड़ियाँ दिख रही थीं। बिवाई फटी एड़ियाँ।

डबडबाई आँखों से उन्होंने अपने पैरों पर दृष्टि डाली। निरन्तर चप्पल पहनने से जीवराज की एड़ियों में दरारें पड़ गई थीं।

[अक्टूबर, 1987 में 'कहानियाँ मासिक चयन' में प्रकाशित]

भगदत्त का हाथी

सदानन्द पंडित ने समय का अनुमान लगाया...सूरज देवता कोनसिया घर के मुँडेर पर ताड़-भर ऊँचा रह गए थे। नीम की छाया पूरबी चरन तक सरक आई थी। "अढ़ाई से ऊपर हो गया जजमान! बारात तो छिने गाँव से बारह-साढ़े बारह बजे ही निकल पड़ी होगी। इमलिया घाट पर उनका पड़ाव भी डल चुका होगा।" मानो वे संजय की तरह दूर बैठे-बैठे सारे दृश्य देख रहे हों, "अब इधर भी बिनौकी[1] मँगवाने की तैयारी होनी चाहिए, उद्धव सिंह जी! मेहरारुओं से कह दें कि यहाँ का लोकाचार जल्द फरिया लें। इमलिया घाट कोई लंका कोस नहीं, जो आने में देर लगे। छव बजते-न-बजते बारात जनवासे पर आ लगेगी।"

उद्धव सिंह ने कुम्हारिन के माथे से भरुका का खाँचा शीघ्रता से उतरवाते हुए बड़े लड़के से कहा, "रामजवाहिर! ई चीज-बस्त का हिसाब-किताब बाद में। माई के पास जाके कहो कि पंडिज्जी बिनौकी मँगवाने के लिए आयसु दे रहे हैं।"

रामजवाहिर गाँव-जवार से इम्दाद में आए खाट-खटोले, चादर-तोशक पर 'कठपिनिसिन' से निशान लगाकर लिस्ट बना रहा था। उसने 'कठपिनिसिन'

1. *बिनौकी*—विवाह के दिन स्त्रियाँ मिलकर पड़ोस में जाकर गाना गाते हुए जो भिक्षा माँगती हैं, उसी को बिनौकी माँगना कहते हैं। उत्तर प्रदेश और बिहार के भोजपुरी भाषी इलाक़ों में कई जगह यह रिवाज पाया जाता है। भिक्षा में कच्चे पीले सूत, हल्दी और नकद रुपए दिए जाते हैं। इसी बहाने गाँव की पर्दानसीन बहुओं से भी ब्याही जाने वाली लड़की की आख़िरी मुलाक़ात हो जाती है और उसे मदद भी मिल जाती है।

कान पर खोंसी और कॉपी काँख से दबाते हुए भीतर चला गया। औरतें पहले से ही तैयार थीं। रासमणि को सगुनी पियरी साड़ी पहनाई गई, सिन्दूर और काजल की एक-के-बाद-एक खिंची सात लकीरों वाली पीली पट्टी ललाट पर चिपकाई गई। उसने मुँह में सुपारी रखी, एक हाथ में कजरौटा और दूसरे हाथ में खोइचा[1] पकड़कर चल पड़ी बिनौकी माँगने। रासमणि ने सबसे पहले माँ के आगे खोइचा फैलाया। औरतों ने गीत काढ़ लिया था :

उठहु धिया हो, रासमनी धिया...
अम्मा तोहरा के हरदी लगाइ...अजस सोहाग के खोइचा भराइ...

उद्धव बहू ने प्राण से भी प्यारी बेटी के घुटने और कुहनी पर हल्दी लगाते हुए ग्यारह रुपए व पाँच लच्छे कच्चे पीले सूत से खोइचा भर दिया। रासमणि टोले-मुहल्ले की ओर बढ़ चली। उसके साथ-साथ औरतों का गिरोह झूमर[2] गाते हुए चलने लगा :

बाग़ में मिलऽऽ ना, बगरचा में मिलऽऽ ना
कब होइहें मिलनवा मेरो रे गुंइया...
कुँओं प मिलऽऽ ना, कुँइअओ प मिलऽऽ ना
रस गागर भरा दो मेरो रे गुंइया...

रासमणि का दिल बाग-बाग हो रहा था। झूमर के प्रत्येक बोल के साथ जैसे वह अपने 'गुंइया' से अभिसार करने लग गई हो और कितना ही मिलने के बावजूद प्रीत की रस गगरी भरने-से बाक़ी रह जा रही हो। हाय, प्रीत तो वही...बार-बार जिसे पाकर भी मन न अघाय, हृदय का कलश छलक-छलक कर ख़ाली ही रह जाए। न जाने कैसे होंगे वह? सदानन्द पंडित और बाबूजी के बीच वर व घर से सम्बन्धित बातचीत को वह किवाड़ों की ओट होकर

1. *खोइचा*—झोली की तरह मुड़ा या मोड़ा हुआ साड़ी का आँचल।
2. *झूमर*—लोकगीत की एक लय, जिसके गाने से मस्ती सहज ही इतने आधिक्य में गायक-गायिका के मन में आ जाए कि वह झूमने लगे। स्त्रियाँ इस गीत को झूम-झूमकर, ताली बजा-बजाकर तथा समूह में नाचते हुए गाती हैं, यह गीत होली के मौक़े पर पुरुष भी गाते हैं।

कितने चाव से सुना करती थी। पंडिज्जी जैसे रूप-गुण का बखान करते वह तो रासमणि की कल्पनाओं से मेल खाता ही था। उमर तनिक ज़्यादा है तो क्या हुआ? अपनी कौन कम है। चौबीस की तो इसी माघ श्रीपंचमी के दिन हो गई। बाप रे! गाँव-गँवई में चौबीस बरस की धिया कुँवारी रह जाए! कितने तो ताने सुनने पड़ते थे रासमणि को। सखी-सहेलर भी हमदर्दी के बोल-बचन बोलते व्यंग्य-बाण छोड़ जातीं। दादी तो उठते-सोते पचास गंडे बातों से परिछावन करती रहती। अपने जाने रासमणि ने किसी पखेरू तक का रोयाँ न दुखाया, किसी काम से 'ना' नहीं कहा, लेकिन थोड़े परिश्रम के बाद ही सीने में धड़का होने लगता, दम फूल-फूल जाता। बाबूजी ने ओझा-गुणी, वैद्य-हकीम किसी को नहीं छोड़ा, फिर भी वह आए दिन बेहोश हो जाती। सदर अस्पताल के बड़का डाक्टर से दिखलाया गया, तब कहीं जाकर असल रोग का पता चला। कैसे तो उसने बताया था, कलेजे में चार-चार ठो कबजा रहता है, जिसमें से दो ठो जाम हो गया है और यह दो बार लम्बी बेहोशी झेल चुकी है, यदि तीसरी बार बेहोश हुई तो इस संसार से अन्तिम विदाई समझो। डॉक्टर ने कड़े काम करने से मना कर दिया था...एकदम साफ़ मना...लेकिन उसे क्या पता कि खेती-बाड़ी वाले गृहस्थ के घर में कोई लड़की का 'सिरजना' लेकर आए और काम न करे! वहाँ तो सीधे मुँह यही पूछा जाता है लड़की से, 'काम प्यारा कि चाम प्यारा?' जो लड़की यह बोले कि मुझे तो चाम (रूप-सौन्दर्य) प्यारा है तो समझो कि वह सबके चित्त से उतर गई। इन्द्रलोक की अप्सराएँ भले नाच-गाना त्याग दें, लेकिन गृहस्थ के घर की औरतें-लड़कियाँ मरते दम तक काम-धाम, सेवा-टहल नहीं छोड़ सकतीं। खैर, डाक्टर की सुझाई दवाइयाँ चलती रहीं और उसी के साथ चंद्रलोचन गुनिया के बताए अनुसार बाबूजी (पिता) केतु ग्रह का जाप भी करते रहे। उनमें से ही किसी का अकबाल कि पिछले कुछ सालों से रासमणि ठीक चली आ रही है। वैसे हल्का-फुल्का काम भी करने से धड़का तो होता है, लेकिन तीसरी बेहोशी नहीं हो पाई, अन्न भी लगने लगा, देह बहाल हो आई। घर के लोग जान चले थे, रासमणि आज नहीं तो कल मर जाएगी। यही सोचकर बाबूजी उसका विवाह नहीं करना चाहते थे, लेकिन वह तो 'मरजिया' हो गई...मर-मर के जी उठने वाली। विवाह की

कहीं 'साइत' बैठती भी तो जलने वाले डाही-मोखालिफ लगी-लगाई काट देते अथवा कौन जाने...उसका नसीब ही बाँक हो उठता! बाबूजी ने हार-थककर बात चलानी ही छोड़ दी। इस पर भी चैन कहाँ? गाँव-गिरान के लोग मदद तो करते नहीं, ऊपर से बाबूजी को विषबुझी 'कइन' चुभो देते—'जवान बेटी बछेड़ी की तरह पोस रहे हो, कल को कहीं पाँव फिसल गए तो चुल्लू-भर पानी भी न मिलेगा डूब मरने के वास्ते।' रासमणि सब कुछ देखती-सुनती और मन-ही-मन कसकती रहती। वह किसी से किस मायने में कम थी...रंग न सही चंपई, गेहुँआ तो था, नैन-नक्श तीखे थे, लेकिन क्या करे वह, जब प्रारब्ध ने ही कभी न छूटने वाला रोग लगा दिया तो? वह आठों याम तड़पती रहती। विधना उसे उठा क्यों नहीं लेते? यह भी अपने वश का तो ठहरा नहीं। जवानी की बयस और जेठ की बरखा को भागते देर लगती है भला! रासमणि की उमर चाँड़ होती गई, बीमारी के बावजूद देह ठौर-कुठौर से लौकी की लतर की तरह निखरत चली गई, आँखों में बलुआही नदी की नाईं पानी रिसता रहा, चेहरे पर फीकी ही सही ललाई उभर तो गई, लेकिन माँग सिन्दूरी न हुई। उसके साथ की कितनी सहेलियाँ भले घर की पतोहू होकर लड़कोर भी हो गईं और कितनी तो दुबारा-तिबारा उम्मीद से हैं...किसी के मार्फत यह सुनकर कि फलानी का दुलहा आया है, तो ढिमकानी ससुराल जा रही है, तो चिलानी का गदेला एकदम माँ की गुराई लिये हुए है, रासमणि कुहँक कर रह जाती। अब तो दुखियारी रासमणि की पूरे गाँव में एक ही सहेली रह गई थी, शिवानी काकी की विधवा बेटी जानकी। रासमणि जानकी को समझती थी और जानकी रासमणि को जानती थी कि बिना पुरुष के काँधे के स्त्रियाँ कितनी बकलोली[1] हो जाती हैं, छिन्न-भिन्न हो जाती हैं पगडंडी की दूब की तरह। दोनों सहेलियाँ गाहे-बगाहे अँकवार भेंटकर रोतीं और फिर एक-दूजे को ढाढ़स भी बँधातीं। ज़्यादा ढाढ़स जानकी ही बँधाती कि रासमणि तेरी तो आस अभी चूकी नहीं है री, तनिक मेरी ओर निरख...मेरा दुख तो अब चिता के साथ ही जलेगा... और दूजी चिता तो नित जलती रहती है मुझ अभागन की छाती में...सचमुच विधवा जानकी की पीर अनव्याही रासमणि के दर्द से बड़ी थी।

---

1. *बकलोल*—बुद्धिहीन। बगुले के ठोर की तरह। टकटकी लगाकर एक ओर देखना।

करते-कहते...लोगों के ऊँच-नीच समझाने पर, माँ के नित प्रति उकसाने पर बाबूजी सदानन्द पंडित की शरण में गए। अन्ततः उन्होंने उबार लिया। कहते हैं पंडिज्जी यदि चाह लें तो खाट-पलंग का आपस में कोहबर[1] रच जाए, वह तो मानुष ठहरी। छिनेगाँव के एक लड़के के संग बात पक्की हुई। रासमणि की आस पूरी, सोये भाग जगे, ढीली लगन गीली हुई। लेकिन एक बात पर रासमणि की बुद्धि खौल उठती है...हाथ इतने सकेत रहते हुए भी बाबूजी को पैंतीस हज़ार नगद नोट तिलक में चढ़ाने पड़े। दक्खिन भरवाले नाभ खेत पर कोर्ट में स्याही पोतनी पड़ी। उस दिन बाबूजी कितना डहँके थे...बेटी के कारण महतारी जैसी भूमि से दंगा करना पड़ा। लेकिन करें भी क्या? दबाव ही ऐसा था वर-पक्ष का कि अधेला-पाई भर भी कम हुआ तो तुम जानो, तुम्हारा काम जाने...

वह दिल में ही अपने अतीत की नींव पर भविष्य का महल तैयार करती हुई एक घर से दूसरे घर की ओर बढ़ी जा रही थी। गाँव की दादी, चाची और लजौहीं भौजाइयाँ खोइचा भर देतीं और वह आगे बढ़ जाती। सब-की-सब आँखें मूँदकर असीसतीं कि भगवान ने जैसे इसके दिन लौटाये, वैसे आगे भी निबाहें। सुमेसर बो भौजी के घर के नज़दीक आते-आते अचानक रासमणि को लगा कि छाती में हिलकोर उठा है। तेज लुतकी के जलने जैसी चिलक हुई बाईं तरफ़। उसने समझा, शायद दिन-भर के उपवास के कारण ऐसा हुआ है। कुछेक डग आगे बढ़ी तो गला सूखता-सा लगा। वह माँ के कान में फुसफुसाई, "माई री, कसैली (सुपारी) मुँह से निकाल दूँ?"

"न...ऐसा ना करना," माँ घबराई, "बस थोड़ी देर की बात है।"

वह चुप लगा गई। तब तक सुमेसर बो भौजी ने अँकवार भेंट कर बिनौकी दी और वह लड़खड़ाते क़दमों से आगे चली। तेज प्यास महसूस हुई तो रासमणि ने माँ को फिर बताया।

"इतनी तेज धूप है।" माँ ने दुलार से समझाया, "घमायी हुई हो, बुचिया! (बच्ची) गटागट पानी पीने से घेघा[2] लग जाएगा। बस दो-चार घर ही तो और

1. *कोहबर*—कोष्ठवर या गुप्तागार, जहाँ वर-कन्या पहली बार मिलते हैं। कन्या के पिता के घर में ही इस कोठरी को सजाने के लिए फूल-पत्ते और रंग-रोली से सुन्दर आकृतियों की रचना की जाती है और इत्र-फुलेल से सुवासित किया जाता है।
2. *घेघा*—गले की नली में पानी या भोजन का फँस जाना। गलगंड रोग।

रह गए हैं। घर चल कर दही का ठंडा शरबत पी लेना...प्यास मिट जाएगी।" माँ ने उसके चेहरे पर चुहचुहा आए पसीने को पोंछ दिया।

इनसे बेख़बर साथ की औरतों का उछलना, कूदना और गाना जारी था। गीत-गवनई की मस्ती में वे कभी झूमर, सोहर तो कभी मांगलिक गाली उठा लेतीं। सुनरी भाटिन ने एक नया ही गीत छेड़ दिया :

सुगना तोहे खिअइबो अनार के दाना
तू हमरे मुँडेरवा बइठऽऽ ना...
सोने का चोंच मढ़ा दूँ, रूपा का पिंजरा गढ़ा दूँ
बलम के खबरिया दे दऽऽ ना...

रासमणि को अब तक ये गीत बड़े सुहा रहे थे, लेकिन अब बर्दाश्त करना कठिन लगने लगा, जैसे वह आप एक बहुत सँकरे पिंजरे में क़ैद हो गई हो। उसके सामने हरे नहीं, बल्कि चितकबरे सुग्गे उड़ने लगे, न जाने कैसी भयावह ख़बर देने को आतुर सुग्गे। उसका जी घबराने-मिचलाने लगा, कपाल में कुम्हार के चाक जैसा कुछ घूमने लगा। वह गश खाकर बैठ गई। एक तेज मितली आई और मुँह में रखी सुपारी गुलेल की गोली की तरह 'फक' से निकल पड़ी। हाथ का कजरौटा दूर जा गिरा, खोइचा के सारे रुपए, हल्दी और सूत के लच्छे धूल में जा मिले और उसकी आँखें भी सुपारी की तरह जमकर ठोस हो गईं।

गीत अचानक थम गया, जैसे उफनते दूध पर पानी के छींटे पड़ गए हों। सब औरतें प्रश्नाकुल हो गईं। किसी ने उसका सिर गोद में रखा, कोई आँचल से हवा हाँकने लगी। थोड़ी देर बाद रासमणि ने जरा-सी पलकें खोलीं...दृष्टि सामने की छान पर अटक गई...वहाँ एक पंडुक बैठा हुआ था और उसके पीछे एक भूरी बिल्ली दबे पाँव चली आ रही थी। रासमणि ने अस्फुट स्वर में कुछ कहना चाहा, लेकिन वाक्य पूरा न हो पाया। वह ख़ाली घड़े की तरह एक ओर लुढ़क गई।

न जाने किस केतकी-वन के अजगर की फुफकार आई और सब कुछ झाँवर कर गई। बहिनी-भौजाइयाँ कटे रूख की भाँति गिर पड़ीं। सदमे की बाढ़ सब की जड़ों तले की मिट्टी बहा ले गई। उद्धव बहू की तो दाँती लग गई।

अनुभवी सयानियों ने कजरौटे की डाँटी से दाँती छुड़ाई तो सावन की पुरवैया की तरह रुलाई हहराने लगी। सब छाती पीटकर हाय-हाय करने लगीं।

काल के आघात ने आख़िर मानुष को ही कलंकी बनाया। सुनरी भाटिन जीभ काट-काट कर कनफुसकी करने लगी, "मैंने देखा है अपनी आँख से...सुमेसर बहू को अपनी चोली के पखुवा (बगल) से भभूत की पुड़िया निकालते हुए।"

"ई कलजिब्भी[1] मेरा रोयाँ दागने लगी, रे दैया!" सुमेसर बहू रो-रोकर सफ़ाई देने लगी।

"जाने दो...अपनी नजर से नहीं देखा तो तुमको दोष क्यों दूँ बहू? सब मेरा अभाग है।" कहते-कहते उद्धव बहू गिरने-गिरने को हो आई तो औरतों ने उसे सँभाल लिया।

रासमणि को टाँगकर घर लाया गया। उस घड़ी पुरनिया दादियाँ आँगन के ईशान कोण पर बैठी सप्तमातृका पूजन के पहले घृतढारी की विधि निबटाने के लिए पितरों का आवाहन कर रही थीं :

सरगहि बसत झक बादरि हो...(फलाँ बाबा)...तहँवा तोहर निवास
ए तहरे सरिखवे बुनी-बरखा हो...तुहइं नेवत लेहु आज...
बीच बादरि चमकत दूज चनरमा...(फलाँ बाबा) तहँवा तोहर निवास
ए तहरे सरिखबे घाम-इंजोरिया...तुहइं नेवत लेहु आज...

बुढ़ियों को कई पुश्त पीछे का वंशवृक्ष याद था और उन तमाम फलाँ-ढिमकाँ पितरों को, जो चन्द्रमा और बादलों के बीच निवास कर रहे हैं, नेवता दिया जा रहा है कि वे अशरीरी रूप होकर भी आएँ और इस यज्ञ को सफल करें, लेकिन पितरों ने आने की जहमत मोल न लेते हुए रासमणि को ही अपने पास बुला लिया...प्रसन्नता के चाँद को, उत्फुल्लता की चाँदनी को अनिष्ट के काले बादलों ने अपने उदर में समो लिया...सर्वग्रास...पूर्ण ग्रहण लग चला था वहाँ...स्वर्ग में अब झक-सफ़ेद बादल न थे...वहाँ अँधेरा ही अँधेरा था।

जो जहाँ था, उसे वहीं काठ मार गया। ऐसा भी कहीं होता है...जब मरने को थी, तब वह जी गई और जब जीना चाहिए था, तब मर गई। उद्धव सिंह

1. *कलजिब्भी*—काली जीभ वाली, जिसकी अशुभ बातें प्राय: होकर रहें।

ने उसका पूर्व जन्म में करज खाया था, तभी तो रुपए-पैसे से लेकर देह तक हलकान करवा कर रासमणि अलोप हो गई...आँसुओं से धरती गीली ही चली, मँड़वे में टँगे आम के हरे पल्लव जैसे लू के एक झोंके से ही झन्नाकर सूख गए।

अभी-अभी जहाँ हँसी-ख़ुशी की लहरें ठाठें मार रही थीं, वहाँ चीख़-पुकार, रुदन-विलाप का ज्वालामुखी फूट पड़ा। गाँव-भर के कलेजे पर फफोले उठ आए। अशुभ संवाद सुनकर दुश्मनों तक ने आहें भर लीं, हित-कुटुम्ब की तो बात ही और थी। उद्धव सिंह बार-बार मुँह में गमछा ठूँस लेते, लेकिन वियोग था कि हिचकी के रूप में निकल ही आता। खारे आँसुओं के अजस्र रिसाव से पपोटे जलने लगे : "हाय रे दैव! किस जनम के पाप का फल मिला?" वे विलाप कर उठे। मर्द एक तो जल्द रोते नहीं, मगर जब वे अछुदाह[1] होकर बिलखने लगे तो सुनने वालों का हिया चिथ गया।

हितू-मीतू जी कड़ा कर उन्हें समझाने लगे, "धीरज धरो, उद्धव भाई! यह मृत्यु-भुवन है...यहाँ किसी का वश नहीं चलता...जीवन और मृत्यु तो रात-दिन के समान हैं, एक के बाद दूसरे का चक्कर चलता ही रहता है।"

"भाई हो! ऐसी असमय मौत पर तो..." उद्धव सिंह मर्माहत होकर बोले, लेकिन उनकी आवाज़ टूट गई।

"यह आपत्ति काल है...ऐसे में ही आदमी की परीक्षा होती है...धीरज-धर्म-मित्र अरु नारी, आपतिकाल परीखिए चारी..." सदानन्द पंडित भी बहुत उदास हो चले थे। काँपती आवाज़ में कहा उन्होंने, "उनकी माया के आगे जीव की एक नहीं चलती। जिस तरह मेघ बंजर और उपजाऊ का खयाल नहीं करता, उसी तरह मृत्यु समय-असमय का ध्यान नहीं करती। हिरण्यकशिपु ने किसी भी समय न मरने का वरदान पाया था लेकिन मृत्यु ने उनके लिए भी समय निकाल ही लिया।" उन्होंने उद्धव सिंह को कन्धों से पकड़ा और खाट पर बिठा दिया, "जजमान, जैसे हो, इसे सहना पड़ेगा। बोझ या तो बरद पर पड़ता है या मरद पर। मरद की छाती सूखी इसीलिए होती है कि वह माया का भार वहन कर सके। भगवान ने लुगाइयों की छाती में रस देकर यह भार सहने की क्षमता हर ली है। सो जब आप ही ऐसा करेंगे तो उन अबलाओं

1. *अछुदाह*—आँसुओं से दग्ध होकर।

का क्या हाल होगा? उनका बल पुरुष होता है। आप धीरज धरें और घर की दुखियारियों को ढाढ़स बँधायें।"

"मैं बहुत कमजोर हो चला हूँ, महाराज जी! मैं अभागा हूँ...मैं इतना कठकरेजी नहीं बन सकता..." वे फफक-फफक कर रोने लगे, "यह भार कैसे सहूँ?"

आँखें तो सदानन्द पंडित की भी पसीज गईं, लेकिन उनके स्वयं दुखी होने का अवसर न था। "यह सही है कि आरत के चित रहहिं न चेतू..." वह उन्हें धैर्य धराने लगे, "लेकिन समर्थ पुरुषों के लिए यह भार क्या है...कोऽति भार: समर्थानाम्? दुख और सुख तो भाई-भाई हैं। जो सामर्थ्यवान होते हैं वे दुख और सुख में एक समान रहते हैं, जिस तरह सूरज देवता उदय और अस्त के समय एक तरह की लालिमा लिये रहते हैं।"

उद्धव सिंह ने घुटनों में चेहरा गाड़ लिया। हर सिसकी के साथ उनकी छाती भाथी की तरह फूल जाती थी...कितना कुछ समझाने के बाद भी पीड़ा थी कि बरसात की कियारी की तरह बारम्बार जहाँ-तहाँ से फूट पड़ने लगी। घर के भीतर स्त्रियाँ अलग जार-जार रो रही थीं।

रामजस काका टोले में सबसे बुज़ुर्ग थे, उनका भी अवसाद फूट पड़ा, "गंजा आदमी घाम से बचने के लिए बेल (श्रीफल) के नीचे गया, लेकिन वहाँ भी एक पका बेल उसके माथे पर टपक पड़ा...इस संसार में चैन किसी करवट भी नहीं।"

शोक किसी संक्रामक रोग की तरह सबको लपेट चुका था। लोग अभी पीड़ा की उत्ताल लहरों में गोते खा ही रहे थे कि प्रबल तूफ़ान की तरह हाँफते नन्हकू हज्जाम एक विचित्र सन्देशा ले आए, "कुछ बाराती शामियाने के पास वाले पोखरे पर पहुँच गए हैं और कपड़े-लत्ते बदल रहे हैं।"

"आहि दद्दा, अब क्या हो?" साँप के मुँह से किसी तरह छूट गए भयातुर लँगड़े मेढक की तरह उद्धव सिंह तड़फड़ाने लगे, "ई कोइला लगा मुँह लेकर किधर भागूँ, ए भाई?" उन्होंने सदानन्द पंडित के पैरों पर अपना सिर पटक दिया। पंडित जी की ठेसाह छिंगुनी कुचल गई, लेकिन दर्द को उन्होंने चिरायते के कड़वे घूँट की तरह पी लिया।

उद्धव सिंह ने हज्जाम से विनती की, "नन्हकू जाकर बारातियों से कह दो कि अब यहाँ क्या रखा है? आप लोग लौट जाएँ...जाओ भाई!"

हठात् रामजस काका उठे और दोनों बाँहों को निषेध की मुद्रा में उठाते हुए कहने लगे, "ई का कहते हो, उधो? इस तरह बारात लौटाने का मतलब जानते हो?...जिन्नगी-भर की बदनामी...खानदान भर का अपजस।"

"हाँऽऽऽ...बदनामी!" रामजस काका की बात पर सभी सोचने को बाध्य हो गए। "जरूर बदनामी होगी। जब आ ही गए हैं बाराती और सारा भोजन-व्यंजन बन ही रहा है तो जलपान वगैरह करवा दिया जाए।"

"होनी को कौन टाल सकता है?...और हमारा दोष भी क्या है?" रामनरेश सिंह बोले, "लड़के के बाप आ जाएँ तो सारी बातें कायदे से समझा दी जाएँगी।"

"और क्या! इसमें किसी को दामुल-फाँसी थोड़े चढ़नी है!" ईश्वर दयाल चौबे मुखिया ने सहमति दी, "बल्कि इस तरह बैरंग वापिस कर देने में, तुरन्त बारात लौटा देने में गाँव-भर की जगहँसाई दीखती है।"

उद्धव सिंह मतिभ्रमों-सा चिल्लाने लगे, "अब तो खड़े-खड़े इज्जत चली जाएगी, मेरे पंचो! अब मैं क्या करूँ? कोई मुझे अकिल सुझाए। समधी मुझे कोस-कोस कर मुआ देगा, जब ऐसी लड़की थी तो धोखा क्यों दिया?" वह औचट में खड़ा हुए तो ओसारे के पट्टडेहर[1] से टकरा गए। कुछ पल के लिए आँखों के आगे अँधेरा छा गया।

"यह करम विपच्छ नहीं तो और क्या है!" रामनरेश सिंह ने दुख प्रकट किया। "आज तक इस गाँव से किसी की बारात नहीं लौटी है।" अफसोस और अशक्तता का एक लम्बा नि:श्वास खींचते हुए उन्होंने उसे 'फू अ...अ' की ध्वनि के साथ छोड़ दिया, "हे दइब! ऐसा बेदिन किसी को मत करना।"

"जब भगवान ने ही हमें दीन-हीन कर दिया तो हम क्या करें?" रामजस काका ने सिर ठोंक लिया, "ना तो किसकी मजाल थी जो यहाँ से बारात लौटा ले जाता।"

उद्धव सिंह कुँहर कर बोले, "काका हो! मैं पहिले ही कहता था कि रासमणि का विवाह करना ठीक नहीं...मुझे पता था, एक-न-एक दिन ऐसा

1. *पट्टडेहर*—बरामदे में खम्भों के बीच छप्पर को सँभालने वाली मोटी लकड़ी।

होना बदा है, लेकिन आप लोगों ने ही उकताकर, भोंक-भोंक कर मुझे ऐसे फेरे में डाल दिया। ब्याह न भी होने से रासमणि पानी में भीग तो नहीं रही थी, अन्न बिना उपासे-ढेपासे मर तो नहीं रही थी..."

"किसे पता था, भई, इस अनहोनी के बारे में?" रामजस काका लजा कर बोले, "बरसात में मेढक का मुँह बन्द किया जा सकता है लेकिन अनब्याही धिया घर में बिठाकर गाँव-समाज का मुँह बन्द नहीं किया जा सकता..."

नन्हकू हज्जाम तभी से कुछ बोलना चाह रहे थे। रह-रहकर उनके होंठ हिल पड़ते थे, लेकिन वह हिचक-संकोचवश चुप लगा जाते थे। रोकना मुश्किल जान पड़ा तो बोले, "रामनरेश भाई, बात न धरें तो कुछ मैं भी बोलूँ?"

"कहो न, कौन रोकता है।" आज्ञा रामजस काका ने दी।

नन्हकू सकपकाते-से बोले, "मेरा लड़का राज इन्नर कह रहा था कि उसके साहेब किहाँ एक बार बरिआत आई थी। इधर बरिआत आई उधर लड़की अपने कौनों छैला-जार के साथ भाग गई। दोनों शायद पहिले से ही आपस में लटपटाए हुए थे। बाकिर साहेब बड़ा चतुर था, उसने भनक न लगने दी और कुँवारी साली को उसी लड़के से व्याह दिया। आखिर ऊहो का करे? दहेज में मार 'इरिज-फिरिज, वीडियो-सीडियो' और न जाने का-का दे दिया था।"

"लड़के वालों ने उसे स्वीकार कैसे किया?" किसी ने पूछा।

"हो-हल्ला खूब हुआ।" नन्हकू बोले, "बाकिर ऊ कहावत है न...भइल विवाह मोरा करबऽऽ का...अउर अभी के जमाना में दहेज का लालच इतना बढ़ा है कि जदि कोई चाहे तो खूब दान-दहेज देकर भैंस की पाड़ी से विवाह कर दे तो लड़के वाले उसे राजी-खुशी से बहू बनाकर लिये चले जाएँगे।"

"हूँ ऊँ ऊँ..." नन्हकू की बात पर एक ने सोचा, तो सबने सोचना शुरू कर दिया।

"बारात आ गई है तो दुआरे भी लग जाए।" एक आवाज़ आई।

"दुआरे?" उद्धव सिंह ने कहने वाले की ओर अचकचाकर देखा, "झूठ-मूठ का दुआरे लगाकर क्या होगा, भाई?"

"खैर, अभी तो इस कुसंवाद को किसी तरह पता नहीं चलने देना है।"

रामनरेश सिंह ने चुप का इशारा होंठों पर उँगली रखकर किया तो सबके ऊपर सोच की एक अदीठी चादर-सी तन गई।

"भला ऐसी बात छुप सकेगी?" कई शंकालु स्वर उभरे।

"बिलकुल छुपेगी," सदानन्द पंडित बहुत सहजता के साथ बोले, "शास्त्रों में कहा गया है, जिस तरह काग अपने मैथुन-कर्म को, बिलार अपनी विष्ठा को छुपा लेता है, उसी तरह बुद्धिमान मनुष्य को चाहिए कि वह बुरी मृत्यु की घटना को किसी के सामने उद्‌घाटित न करे।" पंडित जी ने उद्धव सिंह को झकझोर कर सचेत किया, "जजमान, रामनरेश जी बुद्धिमानी की बात कर रहे हैं। आप शान्त मन से इस पर विचार कीजिए, फिर मुझसे कहिए। मैं सब सँभाल लूँगा।" उन्होंने अपनी लुटिया-डोर उनके आगे बढ़ाई, "जाइए, कुल्ला-कलाली कर आइए और इस दरद को छाछ की तरह पी जाइए।"

"पंडिज्जी!" वे व्यथित हो गए, "मेरी साध अधूरी रह गई।" उन्होंने मन का उत्ताप निकाला, "मेरो मन कछु और है, करता के मन कछु और।"

"अरे भाई," पंडित जी ने हौसला बढ़ाया, "समझिए तो कि आत्मा नहीं मरती, सिर्फ चोला बदलती है। आप भी इस रुआँसी सूरत को उतारकर उसी तरह प्रसन्न मन होइए, जिस तरह नागराज केंचुल उतारकर प्रमुदित हो जाते हैं और बतास पान करते हैं।"

"अब बरजोरी प्रसन्न भी होऊँ तो क्योंकर...किसलिए? मेरी तो बुद्धि ही काम नहीं करती।" उनका गला भर्रा गया, "पहाड़ सरीखा विराट कष्ट और मेरे समान दुर्बल मनई..."

पंडित जी निर्विकार रहते हुए बोले, "पिछले प्रसव के समय अपार कष्ट सह चुकी स्त्री भी पुन: पति-संसर्ग के आमंत्रण को अस्वीकार नहीं करती, उद्धव सिंह जी! बार-बार कष्ट सहकर भी आनन्द प्राप्त करना जीवन है। आप अपने भाई-बांधवों की बात को बिचारिये। यदि अब भी नहीं चेते तो सिर्फ आपकी नहीं, समूचे गाँव की नाक कट जाएगी।" उन्होंने लोगों की ओर गर्दन टेढ़ी करके कहा, "यह तो माया का संसार है...आँय भाई! यहाँ सारे व्यापार ऐसे ही चलते रहते हैं। एक कोयल के मर जाने से सारी अमराई नहीं सूख जाती, एक तारे के टूट जाने से पूरा आकाश खाली नहीं हो जाता।"

उद्धव सिंह कातर होकर बोले, "आप लोग मुझसे क्या चाहते हैं? किस रास्ते पर ले जाना चाहते हैं, मुझे?"

"रास्ता है...और सीधा-सा," रामजस काका चट्टानी स्वर में बोले। वे तभी से नन्हकू हज्जाम और रामनरेश सिंह से कुछ सलाह-मशविरा कर रहे थे। "रास्ते की झलक नन्हकू ने दे दी है। फरक इतना है कि अबकी शादी रासमणि की नहीं बल्कि उसी वेदी पर किसी दूसरी की होगी, लेकिन बरात खाली नहीं लौटेगी...बोलिये पंडिज्जी!" काका ने लोगों पर सरसरी निगाह डाली।

सभी आश्चर्य के मारे कुछ क़दम पीछे हट गए, "हँ-क्...आँ?"

अपनी बात का मोल लगते देख नन्हकू का चेहरा गर्वोन्नत हो गया। उद्धव सिंह अभी भी लोगों की ओर मर्माहत होकर देख रहे थे, "यहाँ तो भर मुँह खून फैला है, काका! ऐसे में चुटकी बजाते शादी के लिए कौन लड़की तैयार होगी? इस हादसे को कैसे दबाया जाएगा? आखिर रासमणि के मरने की खबर मिलेगी ही।" वे अधखुली आँखों से आसमान निहारने लगे। निरभ्र आसमान में ऐसा कुछ भी न था, जहाँ दृष्टि ठहराव पा सके। उकताकर उन्होंने सिर झुका लिया।

रामनरेश सिंह पूछ बैठे, "काका, मैं तनिक शामियाने तक जाऊँ?"

"जाओ, लेकिन अंडबंड कुछ बोलना मत।" काका ने सिर हिलाया, फिर कुछ समझते हुए से बोले, "एक काम करो, अकेले न जाकर दो-तीन आदमियों को साथ ले लो और वहाँ बारातियों को किसी तरह बझाए रखो। गाँव के किसी बुतरु-बच्चे को पास मत फटकने देना।"

"यदि वे द्वाराचार वगैरह के लिए उकतायें, तो हम क्या जवाब देंगे?" साथ जाने वाले में से एक ने पूछा। काका दुविधा में पड़ गए।

पंडित जी तनिक रुष्ट हुए, "कहोगे क्या!" फिर तुरन्त ठंडा होकर उन्होंने ही उपाय निकाला, "बहाना बना दोगे कि सिवान पर के इनार में हमारे ही पुरखे का एक साँड गिर गया है। अधिकांश लोग उसे निकालने चले गए हैं। उनके आते ही यहाँ विधि शुरू हो जाएगी।"

"हाँ...अभी पूरी बारात आई भी नहीं है। सब के आते-आते कुछ देर लगेगी।" नन्हकू ने कहा।

उद्धव सिंह बेचैनी में कभी खड़ा होते तो कभी बैठ जाते थे। उद्विग्न चित्त को शान्त करने में उन्हें कठिनाई पेश आ रही थी। एक तरफ़ बेटी की मौत की वेदना और दूसरी तरफ़ गाँव का पानी उतर जाने का अन्देशा...इन दोनों के बीच की रस्साकशी में वे झूलने को अभिशप्त थे। उन्हें कहीं कोई आधार नहीं मिलता था, जैसे कोई पतंग धागे से कटकर हिचकोले खाती हुई उड़ी जा रही हो, अचानक वह किसी बबूल के पेड़ पर जा गिरी हो और हवा के झोंके से उसमें काँटे बिंध जाते हों, हर बार एक नई चिंदी उखड़ जाती हो। उन्होंने फरियादी मुद्रा में कहा, "जो काम होने जा रहा है, बहुत जोखिम है उसमें। मुझे तो उलझन इसी में है कि मरने की इस घटना को दबाया कैसे जाए? ऊपर से आप लोग शादी किसी और से कैसे करेंगे?" वे भग्नोत्साह होकर बैठ गए।

काका बुरी तरह झुँझलाए, "लदनी घोड़ी की नाईं बारम्बार थसकने से काम नहीं चलने को। अरे कड़ा बनो...कड़ा।" उन्होंने आँखें मीसते हुए कहा, "दुख किसे नहीं है। मैं जो बोल रहा हूँ, तो क्या मुझे तकलीफ नहीं होती? लेकिन क्या करूँ?" आँखों को जबरिया मीसने से काका के भी दो-चार बूँद आँसू निचुड़ ही आए।

"काका हो! एक-दो आदमियों की बात रहती तो मैं कहता दबा लो, लेकिन इतने लोगों को भुलवाया कैसे जाए?" वे फिर सिसकने लगे, "हे भैरो बाबा! मेरे ऊपर गाज गिरा दो...हे धरती मैया! तू छाती चियार दो कि मैं समा जाऊँ और इस किरकिन्ह (जंजाल) से छूट लूँ..."

कुछ और लोगों के मन में भी अन्देशा था, "सबसे कठिन है स्त्रियों को मनाना..."

पंडित जी झल्ला पड़े, "दुत्त मर्दे! आप सबों से इतनी छोटी-सी बात नहीं दबती?" उन्होंने कहने वाले की ओर तीव्र उपहास से देखा, "और राजा भगदत्त ने अपने हाथी को दबाकर अक्षौहिणी सेना को चकमा दे दिया था।"

"हाथी को दबा लिया था?...कौन?" दुखी लोगों में पंडित जी के लहजे ने एकबारगी औत्सुक्य-सृष्टि कर दी, "वह कैसे?"

पंडित जी ने अँगुलियाँ चटखाईं और आत्मविश्वास सँजोकर बोले, "प्राग्ज्योतिषपुर के राजा थे भगदत्त। उनके पास ऐरावत कुल का एक ऐसा

चतुर्दन्त हाथी था, मानो...मन्दर सो देखत नर डरई; योजन ऊपर पाँव सो धरई...दंत विशाल कहत नहीं आवै; मनहुँ श्रृंग कैलाश सुहावै। हाथी ने पांडव दल को तुरई के खेत की तरह रौंद दिया। एक बार तो क्षत्रपति राजा भगदत्त ने कृष्ण और अर्जुन दोनों को मूर्च्छित कर दिया। भगदत्त को यह वरदान प्राप्त था कि जब तक हाथी मारा नहीं जाए, तब तक उनके शरीर पर खरोंच नहीं आ सकती। मूर्च्छा टूटने पर अर्जुन ने ग्लानिवश प्रण ठान लिया कि एक ही बाण में हाथी को मार गिराऊँगा, अन्यथा धनुष न छुऊँगा। भगदत्त ने भी डपटकर कहा कि साल-भर जनखा रह चुके अर्जुन, यदि तुम्हारे बाण से मेरा हाथी गिर गया तो समझ लो मैंने हार मान ली। क्रोधित अर्जुन ने कान तक खींचकर ब्रह्म बाण मारा तो सही, लेकिन क्या मजाल कि हाथी को कुछ हुआ हो, सिवाय तनिक चिंघाड़ने के। बाण के मस्तक से टकराने के बाद भी हाथी न हिला, न डुला, न आगे बढ़ा, न पीछे हटा, न तिलमिलाया और न गिरा।" वह रुक गए और लोगों के चेहरे पर उग आए भाव पढ़ने लगे। उनकी दोहा-चौपाई मिश्रित कथा कहने की शैली ने कल्पनातीत प्रभाव डाला।

ऐसी कठिन परिस्थिति में भी लोग हाथी के बल से बुरी तरह प्रभावित-से हो गए।

सबने विस्मय से मुँह बा लिया, "अरे, ऐसा बली था वह हाथी!"

उन्हें आश्चर्य का ठिकाना न रहा जब उद्धव सिंह ने भी भयभीत होकर पूछा, "ओह, पंडिज्जी! तो क्या अर्जुन मारे गए?"

"नहीं-नहीं...उनके पास कृष्ण सरीखा सहायक सारथी जो था" पंडित जी भीतर-ही-भीतर ख़ुश होकर बोले। वह यही तो चाहते थे, "उससे भी बली थे राजा भगदत्त!" पंडित जी कान खुजलाते हुए बोले, "सच कहूँ तो हाथी कब का मर चुका था...छुट्यउ प्राण गिरन गज चह्यो; तब भगदत्त जंघ सो गह्यो।" उन्होंने अपनी पृथुल जाँघों पर त्रिभंगी थपकी देनी शुरू की, "राख्यो साधि झुकन नहीं पायो; सकल सैन चकित ह्वै जायौ।" पंडित जी उद्धव सिंह को अन्दर तक टोहने लगे, "क्षत्रपति गजपति महाबली राजा भगदत्त की वाहवाही होने लगी। दोनों ओर की फौज विस्मित खड़ी थी...ठीग-सी, चित्रलिखित-सी... कि राजा ने क्या गजब कर दिया! किसी को भेद मालूम जो न हो सका।"

पंडित जी फिर थोड़ी देर के लिए ठहर गए और आँखों-ही-आँखों में यह कहने लगे कि तुम लोग भी अपना भेद इसी तरह छुपा लो, "उधर अर्जुन धरती में गड़े जा रहे थे...गजहि देखि जिय शोच विचार्‌यो; पारथ धनुष हाथ ते डार्‌यो। अब कौन मुँह लेकर युद्ध करते अर्जुन।"

इसी बीच एक नौजवान शामियाने से लौटा। लोग अचानक उसकी ओर मुड़े। उसके ललछौंहे चेहरे से लगा कि वह काफी उत्तेजित है। उद्धव सिंह ने आँखों के द्वारा उससे प्रश्न किया कि उधर कैसा हालचाल है, मानो मुँह से बोल फूटते ही अनर्थ हो जाएगा। नौजवान तैश में आ गया, "सारै सब, द्वाराचार के लिए रामनरेश चाचा पर कुँकिया रहे हैं और कटुबोल भी बोल रहे हैं, कि तुम्हारे गाँव में साँड़ भी होते हैं...पहली बार मालूम पड़ा। यहाँ तो सब गऊमुँहे दिखाई देते हैं, बिना सींग की बछिया की तरह।" लड़के ने उलाहना दिया, "रामजस काका ने मना कर दिया था, सो मैं चुप रह गया, वरना उनको निकालकर दिखा देता कि लो देखो हमारे गाँव में कैसे साँड़ हैं।" उत्तेजना में उसने घुटने से भी ऊपर पायजामा उठा लिया था।

उद्धव सिंह को भी तैश आ गया, "जाकर बता दो उनको कि हमारे गाँव में साँड़ क्या, हाथी भी होते हैं, जो उनकी पूरी गोशाला-हथिशाला को बाह दें।"

पंडित जी ने हस्तक्षेप किया, "ओ-हो-ह! जबान खराब मत कीजिए, जजमान! राजपूती बुड़बकी का यह वक्त नहीं है...उनका तो पद है मसखरी करने का। यह तो खुश होने की बात है कि वे लोग इसे सहज-स्वाभाविक मान रहे हैं।" उन्होंने हड़बड़ाहट दिखाते हुए कहा, "चलिए...सब लोग चलें... द्वाराचार की व्यवस्था की जाए।"

रामजस काका ने उसी आवेग में अलगनी से मलमल का धराऊँ[1] कुरता' निकाला और उसे हवा में दो-तीन बार झटकारते हुए पहन लिया, "रहमत मियाँ! आप लोग शहनाई-नफीरी 'इस्टाट' कीजिए।" रोशन-चौकी बजाने वालों को आदेश देते हुए वे पग्गड़ तहिया कर सिरपेंच बनाने लगे।

उद्धव सिंह ने तैश में कह तो दिया कि यहाँ हाथी भी होते हैं, लेकिन वे

---

1. *धराऊँ*—ऐसे वस्त्र जो विशेष अवसरों या उत्सवों पर ही निकाले जाएँ।

अभी भी टूटी कमानी वाले छाते की तरह बार-बार उलट जा रहे थे, "काका, औरतें अभी भी रो रही हैं!"

"सात औरतों से भी ज्यादा कदराई तुम्हारे अन्दर है। भगवान ने भंग पीकर तुमको मर्द बना दिया था...तुम्हारे इस लच्छन से लगता है पूरे गाँव का पानी उतर जाएगा।" काका बिगड़ गए, "जाकर औरतों को मना नहीं करना है।"

किसी ने ख़बर कर दी, "आँगन में हुजूम लगा है। वे समझाने पर मान थोड़े रही हैं। कुछ बोलने पर लाश से चिपटकर रुलाई और तेज कर देती हैं।"

पंडित जी की मुख मुद्रा व्यंग्य से टेढ़ी हो गई, "औरतें सुहराने-सहलाने से नहीं मानती हैं जी! उनको दबाना पड़ता है। मानी पुरुष पहले बातों से पुचकारते हैं जरूर, मगर नहीं मानने पर ताड़ने का सहारा भी लेते हैं। उद्धव सिंह जी? आप भीतर जाकर उनको रोकिए तो..."

"हाँ-हाँ, जो नहीं मानती, लगाओ उसे हुमचकर दो-चार चटकन, आप सटक जाएँगी।"

"बिलकुल," पंडित जी उकसाने लगे, "ईख, आटा और स्त्रियों का कठोर मर्दन करना ही उचित होता है। आपदधर्म में तो सब कुछ जायज है।"

रहमत मियाँ ने नफ़ीरी की विलंबित तान ली, तो लोगों में एक विचित्र अनुभूति-सी रेंग गई।

कई मर्द जोश बाँधकर लुगाइयों को चुप कराने चले। रासमणि की लाश को घेरकर वे 'कारन?' कर रही थीं। मर्द बमकने लगे, "अब रोना-धोना बन्द करो, बहुत हो चुका सियापा।"

उन लोगों ने बेमोह-बेदया से रासमणि की 'मिट्टी' उठाई और भूसे वाले कमरे में बन्द कर ताला जड़ दिया। चाबी रामजस काका ने अपने जनेऊ में बाँध ली।

उद्धव सिंह पत्नी को आगे की योजना से अवगत करा रहे थे। पहले तो वह सन्न रह गई। पूरी बात सुनने के पहले ही उसने सिर पर आसमान उठा लिया, "ओ रे मेरो पंचो! एक तो ऐसा अशुभ हुआ...घर से लाश अभी निकली नहीं..." उसने पति की ओर अँगुली उठाई, "...और ये कह रहे हैं कि किसी

दूसरी बेटी का विवाह होगा।" वह लयबद्ध रोने लगी, "इनका दिमाग तो नहीं चल गया? अरे, कोई पंडिज्जी को बुलाए। ई विवाह कैसे होगा...? सबकी मति कैसे मारी गई, रे दइया!"

पंडित जी द्वाराचार के लिए कुएँ के पास दूब बाछ रहे थे। उन्होंने वहीं से कहा, "शान्त भी रहोगी, जजमानिन! अपने आप में कुछ भी शुभ-अशुभ नहीं होता। मनुष्य के फायदे के लिए जो कुछ भी हो, वह शुभ होता है। हाँ, शुभ करते वक्त भी कभी-कभार पीड़ा होती है...युवतियाँ पीड़ा सहकर भी नाक-कान छिदवा लेती हैं...क्यों?...आभूषण पहनकर सुन्दर लगने के लिए... पति या जार को रिझाने के लिए ही न!"

"एक बार तो असगुन हुआ, यदि फिर कहीं कुछ..." उद्धव बहू ने तड़पकर वाक्य अधूरा छोड़ दिया। दुबारा अनिष्ट की सोच मात्र से वह सिहर उठी, "घड़ी वाम होते देर नहीं लगती, पंडिज्जी!"

"जजमानिन, आग से जले घर में फिर आग लग जाएगी, इसकी आशंका से कोई चूल्हा जलाना बन्द नहीं कर देता।" उन्होंने औरत से उलझना छोड़कर सीधे उद्धव सिंह के कान में कहा, "मैं जितना समझाता जा रहा हूँ, यह उतना ही 'सिकहर' चढ़ती[1] जा रही है।"

उद्धव सिंह आगे बढ़े और पत्नी को एक तेज़ धक्का दिया? "मुँह की ठेपी (ढक्कन) खुल जाए तो बन्द होने का नाम नहीं लेती, ना? अपना ठोर बन्द करोगी या नहीं? तभी से वकील-मुख्तारों की तरह जिरह कर रही हो।" उन्होंने पास पड़ा एक छोटा-सा बाँस उठा लिया और उसे चौखट पर पटकते हुए धमकाने लगे, "देख, यदि किसी ने बकार निकाली तो इसी बोंग से कपार-किरिया कर दूँगा...अब से जहाँ कौनों की रुलाई सुनी तो उसे मूँज की रस्सी की तरह थुर दूँगा।"

स्त्रियाँ डर के मारे पीछे खिसक गईं, पल्लू से अपना-अपना सिर ढकने लगीं। कुछ मर्द अपनी-अपनी औरतों को झोंटे से पकड़कर सोंटे से धकेलते हुए कमरों में ठेल आए, औरतों की घिग्घी बँध चली थी, हिचकी भीतर ही घुटने लगी थी।

---

1. *सिकहर चढ़ना*—छींके पर चढ़ना, इतराना।

लोग मंत्रणा करने लगे। ठीक तो है...मरजाद की रक्षा हर हाल में होनी चाहिए। बारात लौटाने की बदनामी से भी बड़ा है पैंतीस हज़ार रुपयों का डूब जाना। बेटा वालों के पास जो गया वह लौटने से तो रहा। पर-पंचायत भी हो तो वे अपने प्वाइंट पर टंच हैं। सब लोग उद्धव सिंह को 'थूआ-थूआ' करेंगे... इससे भला कि किसी का विवाह हो जाए। मरजाद रक्षा के प्रश्न पर गाँव वालों में अनोखी एकता पैदा हो गई, अद्‌भुत मिलाप कायम हो गया। पड़ोसी-पट्टीदार से लेकर शत्रु तक इस दुरभि-संधि में शामिल हो गए। बात चूँकि आन गाँव से सम्बन्धित थी, इसलिए अपने गाँव की 'पत' रखने के लिए सभी हरसम्भव प्रयत्न करने को तत्पर जान पड़े। लोग इसके लिए कुछ भी करने को तैयार थे। किन्तु अभी भी एक मुश्किल थी कि विवाह किस कन्या का हो...

उद्धव सिंह के चचेरे भाइयों की कुछ कन्याएँ ब्याहन जोग हो चली थीं। रामजस काका ने अपने एक भतीजे से पूछा, "जगमोहन! रासमणि के बाद रामदुलारी का नम्बर आता है। उसी को ब्याह देना चाहिए...बाद में उद्धव से रुपयों-पैसों का हिसाब-किताब बैठा लेना? क्या विचार है तुम्हारा?"

जगमोहन सिंह बगलें झाँकने लगे तो शिवकुमार सिंह से पूछा गया, "रामदुलारी के बाद मनोरमा भी तो हाथ पीले करने लायक हो चली है। न हो तो उसी को..."

शिवकुमार सिंह भी तीन-पाँच करने लगे। अपनी बारी आती देख कुलभूषण सिंह ख़ुद बोल उठे, "वैसे मेरी सूरजकांति भी चौदहवें बरिस में गोड़ रख रही है, लेकिन इनको तैयार करना बड़ी मुश्किल है।"

"कुच्छो मुश्किल नहीं है।"

"मौत हो गई है न, काका! लड़कियों को तो जानते हैं, शुभ-अशुभ के पचड़े में वे कुछ अधिक ही रहती हैं। पत्नियों को डराया-धमकाया भी जा सकता है, लेकिन बेटियाँ परायी अमानत होती हैं...सब अपना-अपना भाग लेकर आई हैं। उन पर दबाव डालना मैं ठीक नहीं समझता।" कुलभूषण सिंह ने दयादों को किसी तरह समझाना चाहा।

"हाँ भई, डायन भी अपना सगुन मनाती है।" जगमोहन सिंह दबी ज़ुबान में बोले।

रामनरेश सिंह के कोई बेटी नहीं थी, इसलिए वे सबसे बढ़-चढ़कर कड़ककर बोलने लगे, "अशुभ का खौफ लगता है सबके मन में छा गया है। समझाना-बुझाना, हथजोरी-मिन्नत...सब व्यर्थ जा रहा है। लेकिन यों नकारने से भी काम न चलेगा। मेरी कोई बेटी होती तो मैं किसी का मुँह नहीं जोहता... सबसे पहले तैयार होता।" उन्होंने अपने बेटे रमेसर की ओर अश्रुपूरित नयनों से देखते हुए कहा, "रमेसर के बाद एक बेटी हुई भी थी तो चौथे वर्ष में रामजी की चेरी बन गई...कन्यादान का सुभाग भी नहीं दिया कुलच्छनी ने।" उन्होंने दयादों को उकसाया, "अरे भाई! कोई तो आगे आए...आगे न आने पर बदनामी सबकी होगी।"

सब चुपचाप सुन रहे थे, लेकिन अपनी बेटी देने का साहस किसी में न था। सन्नाटा-सा छा गया इस समस्या पर। अचानक कौलेजिया रमेसर बोल पड़ा, "क्यों नहीं शिवदानी काकी की बेटी जानकी को ब्याह दिया जाए?"

"अरे राम! वह तो बाल-विधवा है!"

"उससे क्या?" रमेसर ने भरसक खंडन किया, "पति को छुये बिना, गवने के पहले ही वह विधवा हो गई थी। सिर्फ एक बार सिंदूर पड़ जाने से क्या उसका स्त्रीत्व ही खत्म हो गया? देखिए, मुझे तो इस विकट समस्या से उबरने का एक यही उपाय नजर आता है?"

"विधवा विवाह हमारे यहाँ बारन (निषेध) जो है।" रामजस काका को यह राय कुछ जँची नहीं। उनके होश में ही न जाने कितनी औरतें विधवा हुई हैं, इसी गाँव में, लेकिन दुबारा विवाह तो किसी का नहीं हुआ। उन्होंने पंडित जी से राय माँगी, "रीति-सम्मत है यह?"

"ऐसी कुरीति नान्ह जातियों में है।" पंडित जी ने निरुत्साहित ही किया, "लेकिन बड़े लोगों में भी ऐसा होने लगे तो इस दुनिया के रामजी मालिक हैं!"

"इसे कुरीति कहेंगे, पंडित जी? बल्कि असल पुण्य का काम यही है। अभी जानकी की उमर ही कितनी हुई है? रासमणि से एक साल बड़ी है... तिस पर उसके घर में किसी मर्द का साया नहीं है...माँ भी राँड़ है उसकी। एक दुखियारी की जिन्नगी सँवर जाएगी।" रमेसर बहस पर उतारू हो गया, "पंडित जी आप बड़ी जाति की बात करते हैं...राजा राममोहन राय

ने सती प्रथा बन्द करवाकर बंगाल में ब्राह्मणी विधवाओं का पुनर्विवाह करवाया था।"

"आसाम-बंगाल की बात छोड़ो जी!" पंडित जी नाक-भौं सिकोड़कर बोले, "वह त्रिया-प्रदेश कहलाता है...इसीलिए पहले के समय में ब्राह्मणों का पूर्व दिशा में वास निषिद्ध था। वहाँ के ब्राह्मण नीचकर्मा माने गए हैं... अघोरपंथी...काली-कामाख्या के पूजक...वे योनिपूजक होते हैं। त्रिया-प्रदेशों में यदि विधवाओं का विवाह होता भी हो तो हम उसे अपने यहाँ कैसे मान लें?"

जानकी की माँ कुलभूषण सिंह की निकटस्थ पट्टीदार थी। वह ऊभ-चूभ होने लगे थे। यदि जानकी का विवाह फिर हो गया तो कहीं वह अपनी माँ की सम्पत्ति का हक़दार न खड़ी हो जाए...ऐसे तो विधवा माँ-बेटी जितने दिन जिएँगी दो मुट्ठी अन्न ही तो खाएँगी, इसके बाद तो सब कुछ उन्हीं का होना है। उन्होंने पंडित जी का ज़ोर गले से समर्थन किया, "जी हाँ, पंडिज्जी! एकदम्मे वाजिब कहते हैं आप। अपना-अपना समाज, अपना-अपना रिवाज... दूसरी जगह का लोकाचार हम क्यों मानें?"

"हाँ, जजमान! अब देखिए, दक्षिण के आंध्र जैसे प्रान्तों में...वहाँ पुत्री के प्रथम रजोदर्शन पर पिता उत्सव मनाता है...वहाँ मामा और भानजी का विवाह पवित्रोत्तम माना जाता है...अब हमारे यहाँ ऐसा होने लगे तो हम जीते-जी मर न जाएँ!"

"हम रूढ़ियों में जकड़े हुए हैं, पंडित जी!" रमेसर चिढ़कर बोला, "इसीलिए हम नई बातों को स्वीकार नहीं कर पाते।"

कुलभूषण सिंह ने रमेसर की ओर जल-भुन कर देखना शुरू किया।

"रूढ़ियाँ ही तो हमारी पहचान हैं, रमेसर बाबू!" पंडित जी बोले, "रूढ़ियों को मिटा दो, फिर हमारा समाज भी मिट जाएगा...इसलिए, समाजद्रोही मत बनो चार अच्छर पढ़ के..."

असहमति के साथ-साथ लोगों में खुसुर-फुसुर भी चलने लगी। अपनी बेटियों के लिए अपशकुन मानने वालों को इससे बेहतर मौक़ा न मिलता। यदि यह बला जानकी के सिर टले तो आप भी बचो और गाँव की नाक भी बचा लो। जगमोहन सिंह, शिवकुमार सिंह और कुलभूषण सिंह आदि प्रकट

तो, कुछ बोले नहीं, लेकिन जगमोहन सिंह ने रमेसर को हौले से उकसाया, "तुम्हीं ऐसा करा सकते हो, रमेसर।"

"भई उस लड़के को भी देखना होगा। क्या वह किसी विधवा को वरण करने के लिए तत्पर है?" पंडित जी ने पाँसा फेंका।

"उसकी राय का प्रश्न कहाँ ठहरा?" रमेसर ने चिढ़ते हुए पैर पटककर विरोध किया, "लड़के की मानी जाए तो किसी भी लड़की से बलात् विवाह की बात उचित नहीं ठहरती।"

"ठीक है...लड़के की राय नहीं तो, कम-से-कम जानकी की राय तो लेनी चाहिए।" पंडित जी जानते थे अपने यहाँ की लड़कियों का स्वभाव कि अपने विवाह की हामी वे सात जनम में नहीं भर सकतीं।

"इसका जिम्मा मैं लेता हूँ...अभी आया।" रमेसर दौड़कर एक औरत के पास चला गया और जानकी की खोज-ख़बर पूछता रहा। औरत ने बताया कि शादी वाले घर में वह कैसे आती भला! हाँ रासमणि की 'मरनी' की ख़बर सुनकर आई थी...उसकी चोटिया सहेली[1] है न...अपने घर में बिसूरती होगी अभागन।

रमेसर जानकी के घर चला गया। वह गंगवट मिट्टी से बाल धो रही थी सिसकी मारकर अनक रही थी। वह भी उसकी अनछुई क़द-काठी और अखरी[2] माँग देखकर सिर धुनने लगा। अपनी सहानुभूति को सच्चाई में बदलने के लिए उसने जल्दी-जल्दी में सब कुछ बता डाला।

जानकी ने शीघ्रता से बाल धो लिये। अँगोछे से पानी झाड़ते हुए सिसक-सिसक कर कहने लगी, "भइया रमेसर, मजाक करने को मैं ही मिली? मेरे करम की रेख ऐसी ही रहती तो आज मैं यों दुत्कारी जाती? उससे मत बोलो, ऐसे मत हँसो, तीखा-चटपटा मत खाओ, सिंगार-पटार मत करो, तेल-साबुन के बदले मिट्टी मलो, किसी के शुभ काज-परोजन में छाया मत दिखाओ...

1. *चोटिया सहेली*—जो साथ-साथ चोटी जोड़कर चले, बचपन की सखी, जिस तरह लड़कों के लिए 'लँगोटिया यार'।
2. *अखरी*—जिसका इस्तेमाल न हुआ हो, जो पका हुआ न हो। इसका विलोम सखरी है, जो बन चुकी कच्ची रसोई के अर्थ में भी आता है।

जहाँ इतने कड़े रिवाज़ हों, वहाँ मेरे विवाह की बात कैसे उठी, भइए? लोग मुझे नेत-धरम में रहते देखना चाहते हैं, लेकिन गली-खोरी में अकेली मिल गई तो मटकी (सैन) मारने से भी बाज नहीं आते।" वक़्त की मार ने उसे असमय प्रौढ़ और सशंक बना दिया था, "लोग इसे पचा पाएँगे? भागमान थी रासमणि कि आप मर गई। यदि वर को कुछ हुआ रहता तो वह भी मेरी तरह पनराह (नाली) का कीड़ा बन जाती।"

"कोई दूसरा अवसर होता तो सच में नहीं पचा पाते लोग, मगर आज परिस्थिति ही उलटी है। उन्हें किसी लड़की का विवाह कर देना है, बस!" रमेसर उसको उत्साहित करने लगा, "दीदी, तुझे देखकर कसक उठती है री! इस मौक़े का फ़ायदा उठा ले। बस एक बार 'हाँ' कह दे।"

"मेरे कहने या न कहने से क्या होने वाला है! मैं 'ना' कहूँ भी तो गाँव वाले जबरदस्ती ब्याह सकते हैं...जिसके संग मेरे भाँवर फिरे थे, वह तो शुरू से ही एकहड़िया (दुबला-पतला-कमजोर) बेमर्हिता (बीमार) था, लेकिन कुलभूषण काका ने दहेज बचाने के चक्कर में माई और मेरे मना करने के बावजूद मुझे साट दिया था।...अब यदि मैं नए सिरे से 'हाँ' भी कहूँ तो लोग मुझ पर थूकने लगेंगे।" जानकी के भीतर एक लहर-सी चलने लगी...एक तरफ़ लोक-लाज, दूसरी तरफ़ भाग-साज। एक ओर उमंग-उछाह, दूजी ओर धरम-निबाह...वह समझ नहीं पा रही थी कि क्या जवाब दे! वह देखने लगी पाँवों में महावर, माँग में सिन्दूर, गले में ताग-पाट, बाँहों में केयूर...वह दो हिस्सों में बँट गई। एक जानकी उमग रही थी, दूसरी जानकी लोक-लाज से सहम रही थी...रमेसर ने उसके अन्तस में हिलोर उठा दिया।

"लोगों की फिकर न कर, दीदी!" रमेसर कुछ-कुछ समझने लगा उसके मनोभावों को। उसे आशा-सी मिली। "उनकी पनही (पादुका) फँसी हुई है, दीदी! बस तेरे स्वीकार की देरी है। बोल...इतनी लम्बी जिन्दगी पड़ी है, तू अकेले काट पाएगी?"

वह फफक पड़ी, "जिन्नगी तो मुझे काट रही है, बीरन!" उसने मौन साध लिया। लेकिन जिसके हिया में कान हो वह साफ़ सुन सकता था उन पलकों के होंठ से निकली चीख़ को—"मैं तो चाहती हूँ...हाँ-हाँ, मैं तैयार हूँ, बीरन!"

रमेसर अपनी सफलता की रास थामे जा पहुँचा लोगों के पास। उसने स्वीकृति की बात बताई तो किसी को विश्वास नहीं हुआ।

"एक ही बोली में तैयार हो गई?" रामजस काका को अभी भी प्रतीति नहीं थी।

"कहीं रमेसरा उसको जबरिया तो तैयार नहीं करवा रहा है?" कुलभूषण सिंह को खटका हुआ। वह बड़े दुखी हो गए।

रमेसर को गुस्सा आ गया, "आप लोग खुद चलकर पूछ क्यों नहीं लेते?"

जानकी के अन्दर वह आस जगा गया था। आईना हाथ में लिये वह प्रमोहन भाव से अपनी सूनी माँग निरख रही थी। आईने में उसका प्रतिबिम्ब झलक रहा था, लेकिन उस प्रतिबिम्ब के पीछे सपनों की एक अदीठ झाँकी थी।

इतने लोगों को एक साथ आते देखकर वह बरसा में भीगी बेंत की छड़ी की तरह झुक गई...मारे लाज के...उसके हाथ से आईना सरक गया, झनाक से काँच फूटा और किरचें बिखर गईं...अलग-अलग टुकड़ों में उसकी खंड-खंड छवि झलमलाने लगी या उसके सपनों की झाँकी!

"कलजुग कहना भी ठीक नहीं होगा। घोर भठजुग है यह।" पंडित जी छान लगे घोड़े-सा ऐंठ कर रह गए, "गोसाईं जी ठीक ही कह गए हैं—'सौभागिनी विभूषण हीना, बिधवन के श्रृंगार नवीना'।"

रमेसर उनको कड़ी फटकार देना चाहता था, लेकिन क्रोध को दबा लेना अवसर की माँग थी। वह अधिकार-भरे स्वर में बोला, "जानकी दीदी! जरा इनके सामने हाँ कह दे। ये लोग मुझे झूठा मान रहे हैं।"

कुलभूषण सिंह की छाती हद से ज़्यादा ऊपर-नीचे होने लगी थी। पंडित जी को मौका मिल गया, "सुनो लोगो! जानकी सतवन्ती धिया है। ऐसी-वैसी नहीं है यह कि झट विवाह के लिए तैयार हो जाए। बाल-विधवा में महारानी आदिशक्ति दुर्गा का वास होता है। माँ दुर्गा क्षत्राणी हैं...उससे बरजोरी करना अनिष्टकारी भी हो सकता है।"

जानकी पंडित जी को अजीब निगाहों से घूरने लगी। यदि ललाट पर तीसरा नेत्र होता या वह सचमुच की दुर्गा होती तो वह पंडित जी को भस्म करके ही मानती...फिर भी उन पीड़ित आँखों की भस्मकारी लपट को झेल

पाना पंडित जी के लिए कठिन था। चेहरा फेरकर वह बोले, "यदि आन्तरिक इच्छा है तो सबके सामने स्वीकारे तो..."

रामजस काका निष्ठुर भाव से पूछने लगे, "सच में तू तैयार हो? हो तो लाज-शरम त्याग कर बोलो। अलपा का माड़ो (अल्पना के लिए बना कमजोर दिखावटी मंडप) बनने से नहीं चलेगा।"

एक ही बात बार-बार पूछने पर जानकी ने कछुए की तरह अपना चेहरा घुटनों में गाड़ लिया। प्रश्न उसके कानों के पास हथौड़े बजाने लगे। मन की इच्छा मन में ही रह गई। लाज के मारे वहाँ टिकना भी दूभर हो गया। वह आईने के नुकीले टुकड़ों को रौंदती हुई घर में भाग गई और दरवाज़ा अन्दर से बन्द कर लिया। तलुवे से चूते ख़ून की लम्बी धारा पसर गई। भीतर वह हाहाकार मार कर रो रही थी।

रमेसर पागलों की तरह साँकल खटखटाता रह गया, "तू सबके सामने बोली क्यों नहीं? ये मगरमच्छ यही तो चाहते हैं कि तुम चुप लगा जाओ?"

मगर दरवाज़ा चरमराया तक नहीं। साँकल खटखटाना नाकामयाब रहा। रमेसर झींकने लगा, "अब मैं, किसी का विवाह नहीं होने दूँगा।" वह लपक कर शामियाने की ओर जाने लगा।

उद्धव सिंह ने दौड़कर लँगड़ी मारते हुए उसे नीचे गिरा दिया। उसकी छाती पर सवार होकर उसकी देह को उन्होंने जाँघों से कस लिया। इस वक़्त उनमें राजा भगदत्त का बल आ गया था जैसे। वह दहाड़ने लगे, "अभी तुम्हारे बराबर जाँगर है मेरे अन्दर। बेशी भीखनई (विभीषण की तरह भेद खोलोगे) करोगे तो तुम्हें बैंगन का चोखा बना डालूँगा।"

"बड़ा विषधर लड़का है! इसका भी हाथ-पैर बाँधकर इसी कमरे में बन्द कर दो।" पंडित जी बोले, "न जाने कब कैसी पगलेटई कर बैठे।"

बंधन की यातना से रमेसर डर गया। उद्धव सिंह उसे अभी भी जाँघों में दबाये हुए थे। रमेसर ने आँखें उलटकर जगमोहन सिंह की तलाश की... वे हों तो कुछ बोलें, लेकिन वह न जाने कब खिसक लिये थे वहाँ से। अब जहाँ इतने 'बलेसर' वहाँ एक 'रमेसर' क्या कर लेगा, यह सोचकर वह मुँह न खोलने की क़समें खाने लगा।

सबको लगा, एक बहुत बड़ा अनर्थ होने से टल गया। कुलभूषण सिंह ने मुक्ति की साँस ली, "वही तो कहूँ, इतनी सतवन्ती धिया झाँसे में कैसे आ गई!"

भेद तो छुप गया, लेकिन अब? उनको लगा कि प्रत्येक आदमी उनसे यही सवाल कर रहा है, अब क्या करोगे उद्धव सिंह? बेटी के बदले बेटी कहाँ से पाओगे? उनकी हताशा और व्यग्रता परवान चढ़ने लगी। "ओखली में जब मेरी मूँड़ी पड़ी है, तब मूसल की मार मुझे ही सहनी पड़ेगी।" वह पंडित जी की ओर घूमते हुए बोले, "महाराज जी! अपनी भागमणि का ब्याह कर दे रहा हूँ।"

"ये...ल्लो! अब तक किसी को सूझा ही नहीं।"

"यह तो अति उत्तम है!" पंडित जी ने पूरे जोशोखरोश के साथ समर्थन किया, "बेटी के रजस्वला होने के पूर्व जो पिता कन्यादान कर दे, अवश्य वह बैकुंठ का अधिकारी होता है, अन्यथा पिता के गृह में कुँवारी कन्या की रजोनिवृत्ति से निकला रक्त सीधे पितरों के मुँह में गिरता है, मनु आदि स्मृतिकार ऐसा ही कहते हैं।"

उद्धव बहू ने सुना तो आपा खोकर चिकरने लगी, "हाय मोरे दइया! आठ बरस की अनबूझ मोरी बिटिया, इसे बिहिटि (बच्चियों का अधोवस्त्र) पहनने का लूर नहीं, इतने बड़जेठू दुलहे से कैसे ब्याही जाएगी? कोई तो रोके इसे।" उसने पंडित जी के पैर पकड़ लिये, "आप गियानी, महात्मा। मना करिए इनको...इससे अच्छा कि मोरी बिटिया को ढाठी[1] दे दी जाए। आहि दइया! अब का करों, राम!" अपनी असमर्थता और मर्दों की जिद्द के चलते वह बेहाल हुई जा रही थी, जैसे पिंजरे में बन्द तोता मधुमक्खियों से घिर गया हो।

उद्धव सिंह ने पत्नी की गर्दन दौंच ली, "बस, बहुत नखरा हो गया, राम जवाहिर की माई! अब बेशी नगरनाच जन दिखाओ...नहीं तो जान दूह लूँगा।" उन्होंने गर्दन इतने ज़ोर से दबाई कि पीड़ा से वह अधमरी हो चली। पत्नी उनकी बाँहों पर झूल गई तब उनकी समझ में आया कि वह किसी गौरैया की गर्दन

---

1. *ढाठी*—बाँस की खपच्चियों से गला दबाकर मार देने का एक गँवई दंडविधान, सज़ायाफ़्ता को उन्हीं खपच्चियों के साथ ईंट-पत्थर बाँधकर नदी-नाले में डुबो दिया जाता है। विशेष तौर पर व्यभिचारिणी स्त्रियों के लिए पुरुषों का बनाया दंडविधान।

है, हाथी की नहीं। उन्होंने पकड़ ढीली की और डाँटने लगे, "समझ ले...अब कलुवाबीर[1] की ओझाई की जरूरत नहीं पड़नी चाहिए। क्या भागमणि के लिए मेरे मन में मोह नहीं है? फिर भी दस भाई जो कहें उसे मानना पड़ता है।"

गर्दन दब जाने से वह खाँसने लगी थी। उसने अपनी कसक किसी तरह निकाली, "बाकिर, ई विवाह कैसे होगा? न इसके नाम से सगुन उठा, न कोई मंगल हुआ?"

"कहा गया है," पंडित जी बोले, "शास्त्र अचिंतित पुनि-पुनि देखे—शास्त्रों में जिस समस्या पर चिन्तन-मनन नहीं हुआ है, उसे भी अपनी समझ-बूझ पर जाँच-परखकर कर लेना चाहिए। मंगल तो छन भर में हुआ जाता है, जजमानिन! जो पंडित श्राद्ध करवाता है, वही विवाह भी करवाता है। आप मेरे बताए शुरू तो करें..."

मर्दों ने समवेत स्वर में धमकाना शुरू किया, "केवल चुप रहने से नहीं होगा...अब जल्दी-जल्दी मंगल गीत भी गाओ, नहीं तो सबका कपार सिन्दूर के बदले खून से रंग दिया जाएगा।"

मारे भय के औरतों के कंठ से गीत के खरज बोल फूटे :

कोरी ही नँदिया में दहिया तऽ अमरीत जोरन
ए सेहो दहिया खइहें मोरी रासमणि देई, होइहें अछय अमऽऽऽर...

गीत एकाएक थम गया। रोकते-रोकते रासमणि का ही नाम उचर गया गीत में। पिछली आदत के तहत। औरतों के लिए यह अन्तहीन विडम्बना थी। एक तो मौत, दूसरे रोने-धोने की छूट तक नहीं, ऊपर से मंगल गीत गाने का ख़ौफ़नाक दबाव। औरतें अपनी भूल पर आप चिहुँककर फिर सिसकने लगीं।

उद्धव सिंह ने पत्नी को खा जाने वाली दृष्टि से देखा। वह बाँस के कोंपल की तरह काँपती भांडार घर में भाग गई। उन्होंने भीतर जाकर पत्नी को कसकर चाँटा मार ही तो दिया, "ससुरी, नाकबुद्धि! ठीक कहते हैं कि मेहरारुओं के नाक न हो तो वे गू खा लें। अभी भीं तेरे छोटे माथे में नहीं समाया कि विवाह भागमणि का हो रहा है...एक बार फिर सुन ले...भागमणि का..." उन्होंने

1. *कलुवाबीर*—ओझा-तांत्रिकों द्वारा भूत झाड़ने, जादू-टोने या साबरी मंत्रों का एक देवता।

ऐन कान के पास फिर चाँटा मारा, "कहो तो कान में सॉबल डालकर बिल चौड़ा कर दूँ कि साफ सुनने लगो...दूसरा गीत भागमणि के नाम से शुरू कर बदमाश! नहीं तो कोइरी के देवता[1] की तरह चुपचाप पड़ी रह।"

वह भावशून्य हो गई। दो-दो झन्नाटेदार थप्पड़ इतने ज़ोर से लगे कि कान झन्ना गए। गाल और कनपट्टी पर उँगलियों के नील पड़ गए। दुख, त्रास और चोट के सम्मिलित संघात ने खड़ा रहने से भी लाचार कर दिया। वह मैदे वाले कनस्तर का सहारा लेकर उझक गई। कनस्तर में खटर-खटर होने लगा। कोई चूहा भीतर रह गया था, बन्द कनस्तर से बाहर आने की असफल कोशिश में वह कनस्तर की दीवारों से टकरा रहा था, पर ढक्कन हटा देने की कुव्वत उद्धव बहू के पास कहाँ थी!

औरतों ने रासमणि को अप्रासंगिक करते हुए, उसकी स्मृति को चमड़ी से चिपटे जोंक की तरह सदद नोचकर फेंकते हुए उस अधूरे गीत के बदले दूसरा गीत शुरू किया :

शुभ बोलु, शुभ बोलु...शुभ बोलु, ए ब्राह्मन
शुभ ले बाहर भइली भागमणि शुभवा...अँचरन्ह ढाँकि ले ली
जे सिन्होरा ले बाहर भइले शुभ दुलहा
सेही सेनुरा लावेली भागमणि शुभवा...मथवन्ह राखि ले ली...

आख़िर विवाह का कार्यक्रम इस मंगल गीत के साथ शुरू कर ही दिया गया। लोगों में उत्साह आया, शहनाई-नफ़ीरी में जान आई, गीतों ने लय पकड़ी और सारे तामझाम में शोक रामजस काका के मलमल के नए कुरते के नीचे दबी फटी-चीकट गंजी की तरह ढक गया।

कुशल यही थी कि शामियाना गाँव से दूर बाग़ में पोखरे के पास गड़ा था। यहाँ के टंट-घंट वहाँ सुनाई नहीं पड़ते थे और गाँववालों ने भी इस मामले में अनोखी गोपनीयता का परिचय दिया।

द्वाराचार की विधि जल्द निबटाई गई। बाराती पुन: शामियाने में जाकर

1. *कोइरी का देवता*—साग-तरकारी आदि बोने-बेचने वाली एक जाति विशेष के कुलदेवता, जो बहुत सीधा माने जाते हैं। उनकी पूजा हो या नहीं वह हमेशा ख़ुश रहते हैं।

बैठे। पहले जलपान की व्यवस्था द्वार पर निश्चित थी, लेकिन दूरी बरतने के लिए तश्तरियाँ अब वहीं भिजवा दी गईं। उद्धव सिंह ने समधी के सामने पटोर से ढका पानी भरा लोटा रखकर 'आज्ञा' माँगी। समधी अपना समधिभाव दिखाने लगे, "मुझे पता नहीं था कि आप लोग अतिथि-सत्कार में इतने लापरवाह हैं। पहले लगा था कि एक महीन पानीदार घर में सम्बन्ध करने जा रहा हूँ, लेकिन..." वे त्रुटियाँ गिनाने लगे, "कभी से हम बैठे हुए हैं, लेकिन कोई झूठे मुँह भी पूछने नहीं आया कि हँकासे हो या पियासे हो...हमारा पौनी-टहलुवा दुआर पर जाने लगा तो उसे भी रोका गया। यह लोटा-पटोर ले जाइए...अन्ध कीजिए आँख के आगे से। हमें आज्ञा की जरूरत नहीं है।"

इधर के सयाने-परबीन हथजोरी करने लगे। मान-मनौवल का क्रम कुछ लम्बा खिंचा तो समधी एकबाल सिंह का अहम् तुष्ट हुआ और वह तनिक नरम पड़ गए, "यूँ ही बहुत विलम्ब हो गया है। दस-एगारह बजे तक समूची बारात का ज्यौनार हो जाना चाहिए तभी हम डाल-दौरा-ताग-पाट मँड़वे में भेजेंगे।"

अंधे को ज्यों नैन मिले, गूँगे को ज्यों बैन मिले...बेटी वालों ने नीति-रीति के मुताबिक 'आप-जैसा-कहें-वैसा-हो' कहकर समधी को तुष्ट कर लिया। जनवासे का इन्तज़ाम कुछ व्यवहारपटु लोगों पर छोड़कर बाक़ी लोग घर लौटे।

मगर समस्याएँ अन्तहीन थीं, अनगिनत थीं। भागमणि को औरतों ने जब सिंगार करने के लिए उठाया तो वह कुहराम मचाने लगी, "दीदी के दुलहे से मेरा ब्याह नहीं होगा।"

रामजवाहिर ने बहन को पुचकारा, "काहे री? अब तो ई तेरा दुलहा हुआ न!"

वह मचलने लगी, "ना, ई दीदी का दुलहा है...दीदी परसों मुझसे कह रही थी, तुम अनट करोगी तो, मैं अपने दुलहे से तुम्हें बात न करने दूँगी... दीदी का दुलहा अच्छा नहीं है...मैं उससे नहीं बोलूँगी..."

रामजवाहिर ने दुलार में धमकी घोल ली, "तू का जानती है री, कि दुलहा कैसा है और कैसा नहीं?"

"दादी जब खिसियाती थी दीदी पर," वह नाक सिकोड़ने लगी, "तब

नहीं कहती थी...इस करमजली का कहीं ब्याह नहीं होगा...होगा भी तो दुलहा इसी के जैसा सकपकाह मिलेगा..."

"बड़ी पदबिच्छी (तेज डंक वाला बिच्छू) बाड़ू, ए बबुई!" दादी अदंत मुँह से बड़बड़ाने लगी, "बेसी पकठपुरान[1] जनबनऽ हमरा पऽ लांछन लगाके।"

"दुत्त मरबिगौनी[2] दुलहा बड़ा नीक है।" औरतें मुँह में पल्लू ठूँसकर सूखी हँसी हँसते हुए बोलीं, "आग नियर गोरा और पान के पत्ते नियर ढुरहुर सुकवार दुलहा है।"

"ना, मेरा ब्याह मेरे दुलहे से होगा।" वह इतराने लगी।

दूसरे लोग भी समझा रहे थे, "बुचिया, विवाह करोगी तो मिठाई मिलेगी, नया कपड़ा मिलेगा।" भागमणि को मिठाई दी गई। दो-चार मिठाइयाँ खाने के बाद उसने हठ त्याग दिया और नया कपड़ा माँगने लगी। अचानक लोगों को होश आया कि इसके लिए शादी का जोड़ा तो बना ही नहीं...बने भी कैसे? अब क्या किया जाए? 'इत्ती बूटी' लड़की पँचगजी साड़ी में डूबकर रह जाएगी। तो क्या रासमणि की साड़ियों को फाड़कर इसका काम चला लिया जाए? लेकिन फटी साड़ी में और बहुरुपिया सरीखी लगेगी भागमणि। लोग नीरू बज़्ज़ाज़ के पास दौड़े। यदि उसके पास कपड़े मिल गए तो उसके भाई बीकू दर्जी से सिलवा लिया जाएगा।

कपड़े तो मिल गए, लेकिन बीकू दर्जी लाचारी दिखाने लगा, "इतनी जल्दी कैसे सिलूँ, वह भी शादी के जोड़े! तिनफँकिया चुन्नर भी बनाऊँ तो रात-भर सरियाने में लगे, फिर भी मनमाफिक नहीं बनेगा। अगर फरियानुमा (सामने से न सिला एक प्रकार का घाँघरा) भी बनाऊँ तो घंटे-दो घंटे लग जाएँ।"

"अब जो उचित समझो, बीकू भाई!" लोगों ने चिरौरी की, "फरिया जैसा ही बना दो। ऊपर के 'अभरन' के लिए मंगढके की चुनरी से काम चला लिया जाएगा। किसी तरह पार-घाट लगाना है...ऐसे में भला 'सौख' पूरता है!"

कोई उपाय भी न था। इनसानियत का तक़ाज़ा और गाँव-गँवई का सरोकार

---

1. *पकठपुरान*—वे बूढ़े-पुरनिया जिनकी उम्र सौ से ऊपर हो गई हो।
2. *मरबिगौनी*—स्त्रियों द्वारा प्रयुक्त एक गाली, जिसका अर्थ है कि तुम मर जाओ और तेरी लाश कुत्ते-स्यारों के आगे फेंक दी जाए, यहाँ प्यार सूचक है।

और मेठ-मालिक बाबू-बबुआनों का लिहाज...बीकू ने भुनभुनाते हुए ढिबरी जलाई, नाप का फीता गले में झुलाया, कठपिनिसिन कान पर खोंसी, तेल की कुप्पी निकाली और मशीन की चूलों को ढीला करने लगा। उसकी बरसों पुरानी मशीन उसी रात को खड़खड़ाने लगी।

लाख सावधानियों के बावजूद समधी को रासमणि की मौत की ख़बर मिल गई। लोगों को रमेसर पर शक था। मगर उसने तो कसम खाई थी, उसे शामियाने के पास जाते हुए भी किसी ने नहीं देखा था। रामनरेश सिंह शक का लाभ लेते हुए उस पर ताबड़तोड़ घूँसे बरसाने लगे, "जानता कि तू ऐसा कुलबोरन निकलेगा तो पैदा होते ही तुझको नून चटा दिया होता मैंने। अब से मुझे बाप न कहना। तेरी भीखनई के चलते मैं मुँह दिखाने लायक भी न बचा। तू मेरी बूँद का है ही नहीं...दुष्ट, दोगला!"

आँख-मुँह, कुहनी-ठेहुना सुजा कर ही वह वहाँ से हट पाया।

एकबाल सिंह छनमनाकर रह गए। मरनी को दबाकर आठ-नौ साल की बच्ची से विवाह करने की गुप्त योजना पर वे क्रोध से सुलग रहे थे। उन्होंने साफ-साफ बात कर लेना उचित समझा। ऐसा न कि बताने वाला झूठ बोल गया हो। वैसे, बेटी वालों के हाव-भाव सन्देहास्पद थे भी और नहीं भी। उन्होंने चचेरे भाई मंगलेश्वर सिंह से राय ली। वह भी बेचैन हो गए। उनका स्वर क्रमश: उग्र होता गया, "तब तो बहुत बड़ा फरेब हुआ है हमारे साथ। द्वाराचार में भरसक अबेर हुई थी! इनार में साँड़ गिरने का तो बहाना था। साँड़ के साथ क्या सब गाँववाले भी गिर गए थे, ठहरिए, मैं पूछता हूँ उधउवा से। सिर्फ देखने में 'सोझबक' लगता है, लेकिन है एक नंबर का चिड़ीमार।"

एकबाल सिंह ने उनका कन्धा हौले से दबाया, "तुमसे कुछ कहने का मतलब नगर ढिंढोरा सुनना होता है। कायदे से ही कोई सुराग ढूँढ़ा जाता है। गुरुहस्त[1] के समय हम दोनों जने चलेंगे और लड़की दिखाने के लिए बाध्य

1. *गुरुहस्त*—सिन्दूर दान के पूर्व वर के अपने या रिश्ते के बड़े भाई द्वारा वधू को आभूषण देने का एक लोकाचार। जेठ या भसुर केवल इसी अवसर पर वधू को छूता है, बाद में छूना या देखना अमर्यादित माना जाता है। वधू अपने पति के साथ-साथ जेठ का भी नाम लेकर नहीं पुकारती। संयोगवश कभी वधू और भसुर का स्पर्श हो जाए तो भसुर को खीर-पूरी अपने हाथों राँध कर वधू को खिलाना पड़ता है।

करेंगे। वैसे, मुझे यकीन नहीं होता। यदि कुछ हुआ रहता तो ये इतनी आसानी से इस तरह हँस-बोल पाते?"

"औरतें भी गीत-गौनई कर रही हैं। मरनी होने पर वे जरूर रोती चिलकतीं। खुशी हो या गमी? औरतों से ही तो पता चलता है।" मंगलेश्वर सिंह भी साँय-साँय बोलने लगे।

तब तक हज्जाम बुलावा लेकर आया। वरपक्ष के आठ-दस लोग गुरुहस्त कराने चले। समधी ने उद्धव सिंह को एकान्त में ले जाकर कहा, "मैं जरा दुलहिन को देखना चाहता हूँ।"

"त-त-तो अ-अभी क-कैसे देखिएगा?" मारे घबराहट के वह हकलाने लगे, "प-प-पहले तो आपने कु-कुछ क-कहा नहीं...अब ऐन मौ-मौके पर..."

एकबाल सिंह ने बिना किसी लाग-लपेट के अपनी शंका व्यक्त कर दी कि उन्हें कुछ अनाप-शनाप सुनने को मिला है।

उद्धव सिंह बदहवास हो गए। उन्होंने पंडित जी को बताया। वे दुलकते हुए आए और समधी को तोष देने लगे, "सरकार की चिन्ता बेवजह है। किसी चुगले ने आपका कान तो नहीं भर दिया? तभी आप ऐसे अधीर हो रहे हैं। मुझे तो जानते हैं न। एक तरह से मैं ही सूत्रधार हूँ इस विवाह का...मैंने दोनों तरफ से अगुवई की है। आपने जितना क़हा, उतना दहेज भी दिलवा दिया। अब आप मुझ पर आँख मूँदकर भरोसा करें।"

उद्धव सिंह बेतहाशा दोनों हथेलियाँ रगड़ रहे थे। पंडित जी ने उनको आदेश दिया, "जजमान! गुरुहस्त के बाद लड़की दिखा दीजिएगा।" उन्होंने कोनसिया घर की ओर इशारा करते हुए कहा, "इस कोठरी में दिखा दीजिएगा। जब सम्बन्ध कायम करना है तो आपस में सारे शक मिट जाने चाहिए।" वे समधी की ओर उन्मुख हुए, "अभी की विधि तो सम्पन्न हो ले, सरकार!"

पंडित जी इतने आत्मविश्वास पूर्ण ढंग से बोले कि एकबाल सिंह को मान ही लेना पड़ा। गुरुहस्त करने की आज्ञा देते हुए वह गहने की पेटी में से सिर से लेकर एड़ी तक के आभूषण स्वयं निकालकर देने लगे। मँड़वा सोने-चाँदी के गहनों की चमक से गहगह करने लगा। औरतें गाली गाने लगीं :

समधी करार कइले सोने का गहना, पीतल के नइखे ठिकाना जी
समधी जी ठग लेले बिटिया के मोरी, समधी बड़ा बेईमाना जी...

गाली सुनकर समधी की बाँछें खिल गईं। वे दुगुने उल्लास में गहने झमकाने लगे...साफे की कोर से पोंछ-पोंछकर। औरतों को सुनाने के खयाल से वे ऊँची आवाज़ में बोले, "ये समूचे गहने मैंने सेठ वसंतलाल चमनलाल के यहाँ से निखालिस सोने के लिये हैं। समधिन जी को इसकी पक्की रसीद दे रहा हूँ। वे जरा जतन से अपनी फुफुती (नीवी/साड़ी की गाँठ) में सँभालकर रखेंगी।"

गुरुहस्त की समाप्ति पर उन्होंने अपना इरादा दुहराया।

"दूसरे लोगों को जाने दीजिए। आप रह जाइए। लड़की देखने में गोहार (भीड़) की जरूरत तो है नहीं।" रामनरेश सिंह बोले।

समधी को दुआर पर छोड़ बाक़ी लोग शामियाने में चले गए। रामजस काका उनकी बग़ल में बैठते हुए बड़े मधुर स्वर में बोले, "सरकार, गुरुहस्त तो हो गया। आपने कहा था न कि एगारह बजते-बजते बिजे हो जाना चाहिए। अब तो केवल दस मिनट बाकी हैं बारह बजने में। जदी हुकुम हो तो बारात को जिमा दिया जाए..."

"कोई बात नहीं। आराम से जिमाइए लोगों को...हज्जाम को भेजकर बिजे (भोजन का बुलावा) करवा दीजिए। मैं इसके बाद ही देखूँगा।" समधी जी ने भले मन से साथ दिया।

बेटी वाले कुछ ही देर के लिए चिन्तामुक्त हो सके...बस, बारात खिलाने में जितना समय लगा, उतने भर के लिए। अब तो बखेड़ा बढ़ के रहेगा। उद्धव सिंह की साँस तेज़ चलने लगी, नदी को तैरकर पार करने वाला किनारे से थोड़ी ही दूर पर हाँफ गया हो जैसे।

काका बेतरह चिढ़ चले थे। आँगन में जाकर आक्रोश निकाला उन्होंने, "वह मरदूद अभी भी मलूकदास की तरह बैठा हुआ है। दिखाने के बहाने कोठरिया में बुलाओ और न हो तो हाथ में आईना पकड़ाकर बन्द कर दो उसी में। जब तक शादी नहीं हो जाती, ससुर अपना ही मुँह निरखता रहे रात भर।"

मन-ही-मन तय हो गया कि आगे क्या करना है। समधी को बुलाया गया। वे बेधड़क कोठरी में घुसे और खाट पर आसन मार लिया। गई देर तक बेटी

वालों की ओर से कोई सुगबुगाहट न हुई। समधी बैठे-बैठे उकता गए। "अब देरी किस बात की?"

"आँ...देरी?" कई लोगों ने दरवाज़ा घेर लिया, लड़की आप देखेंगे ही?"

वे तनिक रोष में बोले, "तब क्या आपको देखूँगा? नाहक शक को बढ़ावा दे रहे हैं।"

"छोड़िए भी...मत देखिए। हमारी बात पर विश्वास कीजिए। लड़की हर तरह से जोग है।" एक आदमी ने कुभाव से कहा, "लड़की दिखाने का हमारे यहाँ रिवाज भी नहीं है।"

"जोग है तो दिखाते क्यों नहीं?" समधी के सन्देह की पुष्टि होने लगी।

"नहीं मानिएगा तो..." रामजस काका ने आव देखा, न ताव, दुलकते हुए गए और भागमणि को गोद में उठा लाए। वह छलुवा कबूतर[1] की तरह बौखलाई हुई-सी टबर-टबर ताक रही थी। उसका ताकना देखकर सबका कलेजा दरक गया।

समधी को जैसे ततैया ने डंक मारा हो। वे ढेंकी की तरह उछल पड़े, "अरे बाप रे! ऐसा धोखा! बड़े मक्कार हो तुम लोग!...चार सौ बीस के चौगुना हो तुम लोग! पहले तो रोगी लड़की के साथ विवाह ठीक किया, जब वह मर गई तो इस अबोध बच्ची को हमारे गले मढ़ रहे हो। बताने वाले ने ठीक ही बताया था मुझे...विधवा के साथ भी विवाह की तैयारी चल रही थी न?" उन्होंने चीख़ते हुए-से उद्धव सिंह की बाँह पकड़ ली "...अब यह विवाह कब्भी नहीं होगा। परशुराम भी कुठार लेकर चले आए, तब भी नहीं..."

उद्धव सिंह चपोले की तरह कभी ऊपर तो कभी नीचे देख रहे थे। ठाकुराई शान के जिस हाथी पर वह सवार थे, वह अब अन्दूक[2] से बुरी तरह जकड़ गया लगता था।

रामजवाहिर को लगा कि समधी उसके बाप को पटखनी देने ही वाले हैं। उसने लाठी तान ली, "बहुत हो चुका अब...अब खाट पर चुपचाप बैठ जाइए। बेशी टंडेलई किए तो समूची लाठी ढोंढ़ी (नाभि) तक हुलकार दूँगा।"

---

1. *छलुवा कबूतर*—पोस मनवाने के लिए कबूतर के पर कुतर दिए जाते हैं या उसमें लोहे के छल्ले फँसा दिए जाते हैं।
2. *अन्दूक*—हाथी के पैर बाँधने की कँटीली साँकल या ज़ंजीर।

समधी का तो मानो ख़ून ही सूख गया...तो मीठी-मीठी बातें करते हुए कोठरी में बुलवाकर इन लोगों ने व्यूह में फँसा लिया है। वे बिफरने लगे, "मुझे क्या उठौवा-चलौवा जान लिया है या मेरे लड़के को आपने कीन लिया है? जो चाहेंगे उसे मैं क्या मानता जाऊँ? हरगिज नहीं..." वे क्रोध में हाथ भाँजने लगे, "अकेला-निहत्था पाकर आप लोग बाघ बन रहे हैं? मर्दानगी दिखानी है तो 'रन' में चलिए।" वे सबको ललकारते हुए बाहर खिसकने लगे, "नतीजा बड़ा खराब होगा, वरना सीधे मन से मुझे जाने दीजिए..."

"आँ-हाँ, किधर चले आप?" दो-तीन आदमियों ने उन्हें बलपूर्वक बैठा दिया।

"ए भाई, यहाँ तनिक भी दया-माया नहीं है, क्या?" समधी ने गुहार मचाई, "यहाँ कोई मुखिया भी नहीं है?"

एक मुँछियल आदमी आगे निकल आया, "यह मैं जो हूँ, यहाँ का मुखिया...ईसवर दयाल चउबे। बोलिए, क्या चाहते हैं?"

"आप मुखिया होकर भी यह अन्याय देख रहे हैं?" एकबाल सिंह ने न्याय की दुहाई देकर उनके विवेक को जगाना चाहा।

"कोई अन्याय नहीं करता।" मुखिया जी ने प्रतिवाद किया, "विवाह के लिए तैयार होइए और तब देखिए मेरा इन्साफ...एकदम दूध का दूध और पानी का पानी...दोनों अलग।"

"मुखिया ऐसा है तो सरपंच कैसा होगा?"

"हुकुम सरकार! मैं हूँ सरपंच, तिरलोचन ठाकुर। दरकार हो तो कहिए, पूरी पंचायत बुला दूँ।" सरपंच जी ने आँखें मटकाईं, "यह मामला सुनकर ही तो हम आए हैं। हमारा फैसला यही है कि आप चुपचाप बैठे रहिए...कुछ करने का ही मन हो रहा हो तो बैठे-बैठे चीलर नोचते रहिए।"

"मैं फौजदारी मुकदमा दायर करूँगा आप लोगों पर...बारह बरिस के लिए लाल दरवाजा दिखा दूँगा।" समधी चिल्लाए।

"चुप रहो चांडाल कहीं के! यहाँ से जाने पाओगे तब न..." कई लोग एक साथ बोलने लगे, "जानते हो पुलिस थाना यहाँ से अठारह कोस दूर है, इस दियारे में हमारा ही कानून चलता है।"

समधी अपमान से पटुवा गए। उन्हें लगा कि धरती पलट गई है...तिरसठ का घटते-घटते छत्तीस हो गया है। कहाँ बेटे वाले लड़की को जीतकर ले जाते थे और आज? उनके वंश की शौर्य, परम्परा तो यही कहती है...वही हाथी, घोड़े, ऊँट और पैदल फ़ौज, तीर-कमान, लाल इकरंगे से बँधे भाले, बर्छियाँ और बन्दूक़-तमंचा...रणयात्रा के बीच-बीच में पड़ाव, मूढ़ी-लकठो-बेलगरामी-मोतीचूर के लड्डू से खरमिटाव, तवायफ़ों और लौंडों का नाच...यही सब तो अनुकरण में चलता आया है...चढ़कर विवाह करना यानी बेटी वालों का गढ़ घेर लेना...लेकिन आज राजे-रजवाड़ों की नक़ल कितनी खोखली साबित हो रही है। बेटी वाले ही जबर साबित हो रहे हैं...इनकी नज़र में जैसे यह तमाशा है, गुड्डे-गुड़ियों का खेल है।

"आप लोगों को शुभ-अशुभ से भी डर नहीं लगता? इसी लच्छन से बेटी मरी है आपकी। और फिर विवाह करके कुभाखन हीछ रहे हैं...आखिर मेरा भी लड़का है। उसे कहीं कुछ हो-हवा गया तो..." समधी जी डबडबा गए? अचानक उन्हें पंडित जी का स्मरण हुआ। वे चिल्लाने लगे, "पंडिज्जी कहाँ गए? उनके चलते ही मैंने इस घर में विवाह की हामी भरी थी। जो जानता कि ऐसी अगुवई करेंगे तो कभी 'हाँ' नहीं करता। कहाँ हैं पंडिज्जी?"

पंडित जी इस लंकाकांड से निरपेक्ष-से हो गए थे। उन्हें मार-पीट से क्या लेना-देना! पंडितों का काम सिर्फ मंत्रणा देना होता है, मगर बुलाहट होने पर आए। उनको देखते ही समधी अल्लाने लगे, "आपके रहते मेरी ऐसी दुर्गति हो रही है। अगुवा हैं, तो आप मेरी तरफ से भी हुए। इन लोगों को समझाइए जरा..."

"सरकार! मैं यहाँ का शहर कोतवाल नहीं हूँ कि लोग मेरी धौंस मानेंगे।" पंडित जी बोले, "भला, आप मेरी कहन मानते हैं कि ये लोग मान लेंगे। फिर भी मैं कहूँगा कि सारा कुछ राजी-खुशी से हो जाए।" अचानक वे बेटी वालों को डाँटने लगे, "इस तरह गँवारपन क्यों कर रहे हैं आप लोग? यदि यह अड़ ही जाएँ कि विवाह नहीं करना है तो आप लोग इनका क्या उखाड़ लेंगे? आप सभी बाहर जाइए तो, मैं जरा इनसे बतिया लूँ।"

पंडित जी के इस परिवर्तन पर सबको विस्मय हुआ, लेकिन इसे भी उनकी कोई नई चाल समझकर सभी अदब में हट गए। लोगों के हटने पर समधी

वहाँ से खिसकने की तैयारी कर ही रहे थे कि पंडित जी ने टोका, "इस गौं (फिराक) में मत रहिए कि मैं आपको यूँ ही छूट जाने दूँगा।"

एकान्त पाकर एकबाल सिंह ने दुखी होकर कहा, "पंडिज्जी, आप भी चाहते हैं कि मैं जिन्दा माछी जबरदस्ती निगल लूँ?"

"इसमें जबरदस्ती और जिन्दा माछी निगलने की कौन-सी बात है?"

"एक कमसिन लड़की उतने बड़े मेरे बेटे के साथ जोग कैसे बैठेगी?"

"अब आपको भी दुनियादारी सिखानी पड़ेगी, एकबाल सिंह जी! अरे, लड़की के जोबन और जाँघ की होनहारी देखी जाती है, न कि उमर। कुबजा कौन डापुट[1] स्त्री थी...सात टेढ़े-टेढ़...लेकिन कृष्ण भगवान अपनी तन्वंगी पटरानियों को छोड़कर उसी पर जान छिड़कते थे।" पंडित जी ने देखा कि तर्कों का सहारा बहुत दूर तक मदद न करेगा। वे असली मुद्दे पर आ गए, "सब समझ रहा हूँ कि आप झूठ-मूठ की तरंगों में क्यों बाँध रहे हैं। अब और एक पैसा नहीं मिलेगा। यदि आपकी पोल खोल दूँ तो कहीं का नहीं रहेंगे। बेटे का ब्याह कहीं नहीं हो रहा था और जब मैंने ठीक करवा दिया तो नौटंकी दिखाने लगे? पूरे पैंतीस हजार नगद चेटियाते वक्त नौटंकी दिखाते, तब जानता आपको?"

"उसमें से पाँच हजार 'बभनौती'[2] तो आपने ले ली है।"

"मेरा लेना इतना अखरता है तो मैं लौटाए दे रहा हूँ।" पंडित जी रुष्ट हो गए, "मगर आप भी सारे रुपए लौटा दीजिए। मैं भी नहीं चाहता कि आप माछी निगलें।" वे समधी को सोचने-समझने का मौक़ा दिए बग़ैर वहीं से चिल्लाने लगे, "उद्धव सिंह जी! इन्हें जाने दिया जाए। ये विवाह नहीं करेंगे। मगर हाँ, अपने पूरे रुपए वसूल लीजिए इनसे। लगनपत्री[3] का 'भैलू', हैंडनोट से कम नहीं होता।"

---

1. *डापुट*—सीधी छरहरी काया वाली।
2. *बभनौती*—विवाह तय करवाने के एवज़ में मिला ब्राह्मण का कमीशन। यह कमीशन वर पक्ष की ओर से दहेज के अनुपात में दिया जाता है और कन्या पक्ष की ओर से एकमुश्त।
3. *लगनपत्री*—तिलक या सगाई (वर-वरण) के दिन दोनों पक्षों के गण्यमान्य व्यक्तियों की उपस्थिति में लगनपत्री लिखी जाती है, जिसमें दोनों ओर के नाम-पते के साथ-साथ विवाह की तिथि और स्थान भी लिखा रहता है। एक तरह का इकरारनामा।

"रुपया मैंने उस लड़की से विवाह करने के लिए लिया था। दोष आप लोगों का है। वह आपके घर में मरी है, मेरे घर में नहीं। अब मैं क्यों दंड भरूँ?"

"तो बिना विवाह किए आप रुपया सेंत-मेत में रख लेंगे?"

"रुपया?" समधी शशोपंज में पड़ गए। रुपया तो साँप के गले का छछूँदर बन गया...निगलते बने न उगलते। उन्होंने एक नई चाल चली...हाथ-पाँव कँपाते हुए वे मुँह से विचित्र-सी ध्वनि निकालने लगे।

लोगों ने घबड़ाकर उनको पकड़ा, "मिरगी आती है, क्या?"

"आप लोगों को भगवान से भी डर नहीं लगता?" समधी हाँफते हुए ललमुँहा अंगदी बन्दर की तरह 'किट्-किट्' करने लगे, "मुझे इस तरह दिक किया जा रहा है...आप लोगों को पता होना चाहिए कि मैं हनुमान जी का भक्त हूँ...उनकी असवारी आती है मुझ पर।"

"खाली भक्त? हमें तो साक्षात हनुमान जी ही लगते हो।" किसी ने ताना मारा।

"मुझे जाने दिया जाए।" समधी ने आँखें लाल करते हुए, मुँह से फिचकुर फेंकते हुए कहा, "मैं अपने इष्ट देव हनुमान जी से पूछूँगा। यदि उनकी आयसु हुई तभी शादी हो सकती है।" उन्होंने धरम की दुहाई दी।

"तो पूछिए अपने हनुमान जी से। कौन मना करता है?"

"हाँ इतना ध्यान रखिएगा, समधी जी!" उद्धव सिंह बोले, मैं भी राहु-केतु का जाप करता हूँ। राहु-केतु को तो आप जानते हैं न? गरहण के दिन किस तरह वे चान-सूरज तक का भास बिगाड़ देते हैं।"

रामजस काका ने भी ठोंका लगाया, "ई भी सोच लीजिएगा, अगर आपके हनुमान जी ने ना-नुकर किया तो हमारे राहु-केतु दोनों बापुत[1] उनका लंगूर उखाड़ लेंगे।"

"अँ-हँ-हः..." पंडित जी ने हस्तक्षेप किया, "हनुमान जी सबके हैं। बेकार की हरिनिन्दा मत कीजिए।" उन्होंने कानों पर हथेली की छोपनी लगा ली।

अपने हनुमान जी की ऐसी-तैसी पर समधी जी की खाट खड़ी हो गई। उन्हें सारे देवी-देवता याद आने लगे। अब किसी तरह लाज बचाने का सवाल

1. *बापुत*—बाप+पूत, बाप-बेटे।

था। उन्होंने हथजोरी करते हुए कहा, "आसपास यदि हनुमान जी का मन्दिर हो तो राह बता दें...मैं जाकर पूछ लूँ।"

मुखिया जी ने जैसे ख़तरा ताड़ लिया हो, बोले, "...और उधर से फरार हो गए तो?...छिनाल बहुरिया को यार-संग भागने का मन हो तो बार-बार भीख देने का बहाना ढूँढ़ती है।"

"ना...ना, अब यह कहीं नहीं जा सकते। भक्त आदमी इतना सतवादी जरूर होता है।" पंडित जी बोले। फिर भी पाँच-सात लोगों के घेरे में उन्हें मन्दिर ले जाया गया। वे काफ़ी देर तक मन्दिर के भीतर बैठकर हनुमन्नाष्टक का जाप करते रहे। बाहर खड़े लोग फिकरे कस रहे थे, "ढोंगी कहीं का! तुलसीदास का अवतार बना है! मानो हनुमानजी से सन्मुख बतिया रहा हो।"

राम जाने हनुमानजी और उनके बीच कौन-सी मंत्रणा हुई, मगर जब वे बाहर निकले तो उनके चेहरे पर काँइयाँपन कौंध रहा था। कई बार टोकने पर उनकी झल्लाहट फूटी, "हाँ, हनुमानजी की आयसु हुई है कि विवाह करने में कोई हर्ज नहीं है। लेकिन पतोहू को होत भिनसारे काग बोलने के पहले ही विदा करा लेना।"

उद्धव सिंह ने आजिजी से कहा, "आपकी इच्छा सर्वोपरि है, समधी जी!"

"मेरी कि हनुमान जी की?" समधी ने काट खाने की मुद्रा बना ली।

"अजी, उनकी ही। हम धिया वालों का सिर हरदम नीचे। ब्याहता पर आपका अधिकार ठहरा। चाहे उसे लिवा जाएँ, चाहे रहने दें।" उद्धव सिंह नतमस्तक हो गए।

समधी एकबाल सिंह ने पूर्ण समर्पण कर दिया। बड़ी ख़ातिरदारी के साथ वे मँड़वे के पास बैठाले गए।

शामियाने में बैठे मंगलेश्वर सिंह ऊभ-चूभ हो रहे थे। लड़की देखने में भाई ने इतनी देर क्यों लगाई? बेचैनी सीमा फाँद गई तो उन्होंने गाँव के कुछ मेठों से मन की खटाई बता दी। समूची बारात की आन चढ़ गई; "लहाश बिछा देंगे, देह की कुट्टी बना देंगे, लेकिन विवाह नहीं होगा। बेटी वालों की मर्जी कब चली है, जो आज चलेगी।"

यह आफ़त अजानी तो न थी। पहले से तैयार मोटे-मोटे लट्ठ लिये मुस्टंडों ने पूरा शामियाना घेर लिया, "कोई हिले-डुले नहीं।"

"क्या सबको ब्याह दोगे, अपनी बिटिया-बहिनिया के साथ?"

"बकवाद मत करो। जिसके हाथ में अच्छत डाला उसी से वास्ता है।"

बाजों के बजने से अँदोर[1] बढ़ा, रार बढ़ी तो शोर बढ़ा, एक-दूजे को दबाने का जोर बढ़ा...समधी को ढाल बनाए कुछ लोग पहुँचे। समधी ने अपने गाँवदारों को शान्त करना शुरू किया, "गाँव-जवार के भाइयो! जब मैं राजी हूँ तो आप लोगों को मानने में अंडस[2] कैसी?"

"राजी हो?" पूरी बारात जैसे सकते में आ गई। लोग मंगलेश्वर सिंह को भला-बुरा कहने लगे, "सार, झूठ-मूठ का बवंडर करता है। मियाँ-बीबी राजी तो क्या करेगा काजी...बीच में कूदने वाला नक्कू-पाजी।"

"मरनी की बात सही है और दूसरी बेटी से भाँवर की बात भी।" एकबाल सिंह ने सबका कोपभाजन बनते भाई का बचाव करते हुए सुनाया, "खीस तो मुझे भी बरा...मैं भला इन पिद्दियों की धौंस में आता, लेकिन मेरे हनुमान जी का अनुशासन हो गया। इष्टदेव की बानी के आगे झुक जाना पड़ा।"

"पाद का बहाना खाँसी...जो मन में आए सो करो। भयवंद के चलते हमें बोलना पड़ा।" गाँव वालों ने अपने को इस परपंच से साफ हिलगा लिया।

समधी बेटे को समझाने लगे कि वह भी राजी-ख़ुशी से स्वीकार कर ले।

लड़के ने सुना तो कलेजा थाम लिया। बहुत देर तक वह भकुआया-सा खड़ा सुनता रहा बाप की नसीहतें। जब हाड़ में पहली हल्दी लगी, उसी बखत सपनों की बारात सजा वह जा पहुँचा दुलहिन के पास और अहसास के हाथों उसकी माँग में सिन्दूर रच दिया था। तब से तो जो ललाई चढ़ी कि बाल सूरज की पहली जोत फीकी पड़े। सारा संसार रंगीन हो उठा, चौफेर रक्तवर्णी गुलाल-कुमकुमे उड़ने लगे थे...'लाल गलइचा, लाली पलंगिया, लाली रे तकिया।' हर रात बिला नागा ख़्वाबों की सेज लूटता रहा वह। उमंगों के पंख पर सवार राम जाने वह किस-किस दुनिया के अजायब का दीदार कर आया।

---

1. *अँदोर*—आन्दोलन, हलचल।
2. *अंडस*—कठिनाई।

माया के सरोवर में रोज कँवल खिलते। अपने हाथों वह उनका दल उघाड़ता, भौंरा बन रस पीता, गुंजार करता...लेकिन भाग्य और संयोग से गज और ग्राह ने कुछ यूँ घमासान मचाया कि सारे के सारे कँवल कीचड़ में लोट गए, पूरे सरोवर में डामर घुर गया।

बहुतेरे जतन के बाद काँपती आवाज़ में बोला वह, "जिससे गणना बैठी, लगन उचरी, वह तो राम-द्वारे सिधार गई। मेरा भी तो मानुष का कलेजा ठहरा, कोई बरद नहीं हूँ कि मउवार (मालिक) जिस-तिस नाद पर खूँटा गाड़ बाँध दे।"

मन की कदराई काट शान बघारने लगा वह, "अपने पाँव आप टाँगी (कुल्हाड़ी) मत मारें। यदि बरजोरी विवाह हुआ भी तो मैं लड़की को खूब तंग करूँगा। नाकों दम कर दूँगा। गोबर पथवाऊँगा उससे। छोड़ दूँगा तो भर जिन्दगी करम कूटती रहेगी।"

रामजवाहिर ने कूदकर उसकी काकुल पकड़ ली, "अपने घर इसे चूरमा भी बना डालोगे शूरमा जी, तो हमारा क्या जियान होगा? अब तो यह तुम्हारी बेकति होगी।"

"कुआँ उबहनी, बेटी बिअहनी...यानी इसके बाद आप लोगों को तनिक भी मतलब न रहेगा अपनी जायी से?"

"तुम हरदम उजड्डपना करते हो, रामजवाहिर!" पंडित जी ने दुलहे को छुड़वा दिया और उसे अलग ले जाकर सीख देने लगे, "मतलब तो खूब रहेगा, बचवा! बेटी तो हमेशा लेती है नैहर से। ऐसी ससुराल तुम्हें दीया लेकर ढूँढ़ने से भी न मिलेगी। उद्धव सिंह बड़ा सखरज (शाहखर्च) आदमी है। तीस-तेवहार पर कुछ-न-कुछ देते ही रहेंगे, हर-हमेस। बुढ़ा भी जाओगे तब भी इस घर में दामाद का मान-आदर कमने वाला नहीं।"

"वह तो शाम से ही देख रहा हूँ, ऐसी खातिरदारी कि जी जुड़ा गया।" दुलहा जल-भुन कर बोला।

"हाँ, बेटे! चुपचाप सिन्दूर दान कर दे।" समधी ने बेटे को उकसाया, "मैं अगाड़ी-पिछाड़ी खूब सोचकर ऐसा कह रहा हूँ।"

"आप भी ऐसा चाहते हैं, बाबूजी?" लड़के को आश्चर्यमिश्रित दुख हुआ।

"मैं कौन होता हूँ चाहनेवाला?" समधी इस बार प्यार से बोले, "जब हनुमान जी ही ऐसा चाहते हों तो..."

लड़का चीख़ा, "हनुमान जी नहीं, आपकी नौ हाथ की लालची जीभ बोल रही है। शादी के बाद मैं कहीं अनते भाग जाऊँगा।"

"उफर (टूट) पड़ो तुम!" समधी ने टके-सा जवाब दिया, "खेत-बधार का एक भुरकुस (चूर-चूर) ढेला तक न दूँगा तुम्हें। ऐसा जान लूँगा कि बेटे ने 'मुँह करखी' लगा ली या पतोहू ही विधवा हो गई।"

बेटी वालों को खुशी हो रही थी। अब तो समधी ही उनके प्रवक्ता बन गए हैं। पंडित जी ने कसकर कोर दबा रखी थी उनकी। बाराती चुप्पी मार गए थे...इधर से ध्यान विलगा कर सब नाच देखने में खप गए।

"यह विवाह न हो तो कौन-सा चौका अशुद्ध हो जाएगा?" मंगलेश्वर सिंह को लड़के से पूरी हमदर्दी थी। उद्धव सिंह से उन्होंने निहोरा करते हुए कहा, "लड़के के साथ-साथ अपनी जायी के संग भी अनर्थ कर रहे हैं आप।"

"सब जानते हैं कि भगवान की मर्जी से मौत हुई है।" एक वृद्ध बाराती बोला, "भला आपको कोई दोषी ठहराये तब तो!"

"भगवान की मर्जी हमेशा भक्तों के अनुसार चलती है, पुरनिया जी!" पंडित जी बोले, "अर्जुन ने चाहा तो कृष्ण भगवान को सारथी भी बनना पड़ा... और यहाँ तो खुद हनुमान जी की मर्जी से यह विवाह हो रहा है। क्यों समधी जी?"

"वह तो मैं भरी सभा में दोनों भुजा उठाकर सौंह खा रहा हूँ।" समधी एकबाल सिंह ने हुँकारी दी।

दुलहे ने आख़िरी कोशिश की, "जिसके साथ मन बसाया वही साथ तोड़ गई। मन तो कोई कागज नहीं कि लासा-लेई लगाकर जिस किसी के साथ साट दिया जाए। ऐसी 'अनेत' मत कीजिए...बेमन का ब्याह कनपट्टी पर सेनूर!"

"स्तनपान दाहिने का किया जाए या बाएँ का, दूध की मिठास में कोई अन्तर नहीं आता।" पंडित जी रसीली बातें करके दुलहे के सूखे मन को गलबलाना चाहते थे, "तरकुल बराबर कद के बड़े हो गए, पाहुन जी! लेकिन अकल के मामले में मोथा ही रहे। सिन्दूर माँग में दररो (दलो) या कनपट्टी पर, खाट उसी काम के लिए चरमराएगी, जिसके लिए विवाह का विधान है!"

"वह अनबूझ जब तक सयानी होगी, तब तक मेरी उमर पतझार के पात की तरह झड़ रही होगी, दाँत गल रहे होंगे, बाल पक रहे होंगे।" वह पस्त-सा हो चला, "पता नहीं, आप सरीखा ज्ञानवन्त पंडित इस बेमेल जोग को कैसे स्वीकार रहा है?"

रमेसर न जाने फिर कहाँ से जुट आया था। दीवानों की तरह पत्थरों की मार की परवाह किए बिना वह दुलहे के कान में कुछ कह गया। दुलहा थोड़ा-सा अनमनाया ज़रूर, लेकिन बोल पड़ा, "क्या ही अच्छा होता, उस विधवा के साथ ही मुझे ब्याह दिया जाता। कम-से-कम मेरा सुख-दुख तो वह समझती...आप लोगों की जिद्‌द भी कायम रह जाती..."

"शिव हो शिव हो...यह क्या कहा आपने?" पंडित जी भौचक रह गए, "पता है आपको, विधवा और विषकन्या एक समान होती है...विषकन्या के साथ तो फिर भी रमण करने से आदमी मृत्यु को प्राप्त करता है, किन्तु विधवा का पल-भर का स्मरण मात्र एक घड़ी के बराबर आरबल को समाप्त कर देता है। आपको अपने जीवन से मोह नहीं हो तो ऐसा प्रस्ताव रखें!"

सब लोग काँव-काँव करते हुए दुलहे पर पिल पड़े। कुलभूषण सिंह अलग छान-पगहा तुड़ाने लगे। रामनरेश सिंह ने रमेसर को मारना शुरू कर दिया, "कुलबोरन...सारे! इसी दिन-रात के लिए तुम्हें शहर भेजकर पढ़ा रहा हूँ कि तुम बड़े-जेठ की अवमानना करो...अन्हरी बिल्ली की तरह घर में ही शिकार करो...नेत-धरम को नष्ट कर दो...तू मेरा पूत नहीं, सुअर-कुकुर का मूत है।"

"ई साला करैत है...विषखापर!" रामजस काका गरजे, "मुझे पहले ही शक था कि ऐन मौके पर ई डँसेगा...अंग-भंग करके साले को उसी भूसे वाले कमरे में डाल दो..."

रमेसर की कुटम्मस देखकर दुलहे की नाड़ी उकस गई।

मनपूरनी बुआ भी भरी जवानी में राँड़ हो गई थीं। वह जानकी को ही कोसने लगीं, "एक हमें देखो...उसी बाक (वचनबद्धता) पर रह गई...और आजकाल की बिटियों को देखो...राँड़ भी आस करे है...इन्हीं लोगों को ऐसी जवानी चढ़ी है...जवानी माँ आग लगे। किवाँछ घिस देना चाहिए उनकी ऊ...में।"

"मोरी बिटिया नहीं गई थी किसी से कहने कि उसका ब्याह कर दो। ई सब किरकिन्ह (झगड़ा) रमेसरा का लगाया हुआ है।" शिवदानी काकी उघटा-पुरान करने लगीं, "मनपूरनी, तोहे कोई पूछने वाला नहीं मिला सो इतनी सतवन्ती बन रही हो? इनरदेव अहीर के यहाँ किवाँछ (खुजली उत्पन्न करनेवाली सेम की तरह की एक जंगली फली) घँसवाने ही जाती थी न? मोसे मुँह न खुलवाओ। देखी हुई छौंड़ी आज समधिन बनी फिर रही है।"

"ई कलजिब्भी मोहे कुलटा कह रही है, रे दइया!" मनपूरनी बुआ सिसक-सिसक कर गलियाने लगीं, "इनरदेव की घरैतिन सौरी में ही मर गई थी, सो मैं कोरइलवा (गोद के बच्चे) को बचाने के लिए जाती थी रे पंचो!"

"बेशी सती-सबित्तरी जन बन...लरिका लेबे के मिसन लंगर (व्यभिचारिणी) मो ढिग आवे...मुझे सब पता है...मो से मुँह न खुलवाओ।" दोनों बुढ़िया एक-दूसरे के गड़े मुर्दे उखाड़ रही थीं और कह भी रही थीं कि मुझसे मुँह मत खुलवाओ।

निर्दोष-अभागन जानकी ने माँ को लड़ते सुना तो वह लाज-शरम त्याग कर आई और अपनी माँ को ही पकड़कर ले गई। मर्द अब तक जो कर रहे थे उसमें उन्हें बेइज़्ज़ती नज़र नहीं आती थी, लेकिन औरतों को लड़ते देख उनकी इज़्ज़त जाती नज़र आई। रामजस काका ने मनपूरनी बुआ को डाँटकर घर से बाहर खेद दिया, "ई लुगाइयाँ भी ससुरी मूलही (मूल नक्षत्र की जन्मी, उपद्रवी) हैं। इनको किसने कहा था बोलने को। पराये गाँव वाले क्या कहेंगे इनका भचर-भचर सुनकर?"

मार खाकर रमेसर की देह पानी में फूले चूहे की तरह हो आई थी। मुश्कें कसकर उसे भी भूसे वाले कमरे में बन्द कर दिया गया। इस बार ताले की कुंजी कुलभूषण सिंह ने अपने पास रखी। फिर एक बार यज्ञ भरभंड होने से बच गया...

"लड़की के कमसिन होने से आप परेशान मत होइए, पाहुन जी!" पंडित जी ने दुलहे के कन्धे पर हाथ रखा, "लगता है आपको वात्स्यायन मुनि की पोथी भी पढ़ानी पड़ेगी," पंडित जी की खिचड़ी मूँछों तले चिकनी मुस्कराहट फूट पड़ी, "गृहस्थाश्रम का भेद न मालूम होने से ऐसा बोल रहे

थे आप। अरे मरद की मणि परसते ही लड़कियाँ भक से जवान हो जाती हैं...कीकर-करील की झाड़ की तरह। हृष्ट-पुष्ट आपसे छोटी पत्नी रहेगी तो बेमारी-हेमारी में सेवा-सहाय भी खूब करेगी। सच पूछिए तो जवान लुगाई की दरकार बुढ़ापे में ही होती है, जब शरीर थक जाता है तो उसे दबाने-मीसने वाला भी तो कोई चाहिए न!"

"दूध पीती बच्ची मेरी सेवा क्या फोद[1] करेगी!" लड़के की नसें चटखने लगीं। "उलटे उसी के लिए मुझे गाय पालनी पड़ेगी।"

एकबाल सिंह के कान खड़े हो गए...श्यामकर्ण घोड़े की तरह। उन्होंने पंडित जी और बेटे को एक तरफ़ घसीट कर ले जाते हुए कहा, "कभी-कभी तेरे दिमाग से भी अलबेली जुगत फूट पड़ती है। भली याद दिलाई...अच्छा मौका है—गाय के लिए अड़ जाओ, कहो कि इसके लिए मैं दूध कहाँ से लाऊँगा... इसे तो पोस-पाल कर सयान करना होगा।" वे सदानन्द पंडित पर भी दबाव डालने लगे, "मालूम पंडित जी! सिर्फ आपके कहने पर मैं थूका चाट रहा हूँ। विवाह की रस्म पूर ले और पतोहू घर चली जाए, इसके बाद तो उद्धव सिंह को आपे आप मालूम पड़ जाएगा कि बाघ के दाँत गिनने में कितना सुख मिलता है। लेकिन इसके पहले एक गाय दिलवा दीजिए, वरना मैं फिर मुकर जाऊँगा।"

"यदि लड़की को कुछ हुआ न, तो आपको खपड़ी में भीख मँगवा दूँगा, एकबाल सिंह जी! मैं भी ब्राह्मण का बच्चा हूँ और लड़की भी किसी डोम-धतींगर[2] की नहीं है।" गुस्से में पंडित जी की नाक लाल हो गई।

"अरे-रे-रे, ब्राह्मण-देवता, नाराज न होइए, मैं तो खीस-पिरित में बोल गया ऐसा, वरना लड़की से मेरा कैसा बैर?" एकबाल सिंह अच्छी तरह जानते थे गाँव-जवार में पंडित जी के रसूख को। वे ख़ुशामद पर उतर आए, "लेकिन महाराज जी, मुझे एक गाय जरूर दिलवा दें।"

"गजब कफनघसीटू हैं आप भी!" पंडित जी कुटिलता से बोले, "आपके कहे अब ये भेड़ों का बाल तक नहीं देंगे।" वे लड़के की आँख में अपनी

---

1. फोद—फ़ोता, यहाँ गाली के अर्थ में। अश्लील होते हुए भी यह सहज स्वाभाविक शैली है बोलचाल की।
2. *धतींगर*—जारज, दोगला।

तिरछी नज़र घोंपते हुए उसका मन टोहने लगे, "हाँ, दुलहा तैयार हो और माँगे तो मैं दिलवा सकता हूँ। काहे कि उसका हक बनता है।"

एकबाल सिंह ने भकचोंधर[1] से खड़े बेटे को चिकोटी काटी, "माँगता काहे नहीं रे, उजबक[2] का सार?"

उसका तो 'स्व' जैसे निचुड़ चुका था। अपने बाप के 'गुन-गोरख' से वह दो-चार था, अब ससुराल वाले भी जबरजंग मिल गए। उसने खुद को परिस्थितियों के हवाले कर दिया। भागते भूत की लँगोटी भली। कुनमुनाते हुए उसने गाय की फ़रमाइश कर दी।

उद्धव सिंह ने सुना तो लगा जैसे पैरों तले घी की गगरी ढुलक गई हो। वे बेचैन होकर चक्कर काटने लगे, "अभी पिछले साल ही तो ददरी[3] से चार हजार में गाय खरीदी है। अब यह नया बखेड़ा किसने लगाया?"

पंडित जी वक़्त की नज़ाकत समझाने लगे, "बौरहपना मत कीजिए। दुलहा तैयार नहीं हो रहा था। गाय के नाम पर किसी तरह मनवा सका हूँ। अब चार हजार का नाम सुनकर काँखने लगे। इसी लड़की का कहीं दूसरी जगह घर-वर बसाएँगे तो पचास हजार से एक पाई कम न लगेगा। अगर आप गज बचाने के गौं (फिराक) में थान हारना चाहते हैं तो मैं परे हट जाता हूँ।"

उद्धव सिंह ने बड़ी बेदिली से दहेज में गाय देना स्वीकार किया।

दुलहे के सामने पालकी रखी गई। मंत्रबिद्ध-सा बैठते हुए वह सिन्दूरदान के लिए चल पड़ा।

मंगलेश्वर सिंह मन मसोसकर बैठ गए...चुपचाप, उपरले होंठ से निचले को दबाये। बारातियों की हालत देखकर तरस खाने लगे। गाँजा और दारू पी-पीकर सबकी आँखें उबलने-उबलने को हो रही थीं। उनके मुँह से उगले

---

1. *भकचोंधर*—भक+चौंधियाया, हक्का-बक्का।
2. *उजबक*—सोवियत रूस के उजबेकिस्तान प्रान्त के निवासी। न जाने यह कैसी भ्रान्त धारणा है ग्रामीणों के बीच कि वहाँ के लोग मूढ़ होते हैं और कजाकिस्तान के निवासी बदमाश। भोजपुरी में 'उजबक' और 'कजाक' खूब चलता है।
3. *ददरी*—उत्तर प्रदेश के बलिया जनपद में भृगुमुनि के स्थान ददरी क्षेत्र में लगने वाला पशुमेला। बिहार के छपरा-सीवान जनपद में सोनपुर के हरिहर क्षेत्र के पशुमेले के बाद आता है यह मेला।

चिलम और सिगरेट के धुएँ का भभूका चारों ओर बिसायंध गंध फैला रहा था। सारे के सारे लोग रंडियों के उत्तेजक नाच पर थिरक रहे थे, उनके दुअर्थी फ़ोहश गीतों के रस में सराबोर थे। मदहोशी में डूबी पूरी बारात उन्हें किसी ऐयाश फ़ौज की तरह लगी, जिसका सेनापति शत्रुओं से ठगा जा चुका हो और फ़ौज को अपनी विलासिता के सामने जीत-हार का तनिक भी मलाल न हो।

पंडित जी ने ख़ुशी-ख़ुशी 'अंबा-अंबे-अंबालिके' के मंत्र-पाठ से विवाह-प्रक्रिया आरम्भ की। कोई ऐसे-वैसे कर्मकांडी तो थे नहीं पंडित सदानन्द जी... काशी के आचार्य थे। सबसे पहले उन्होंने दशों दिशाओं को बाँधा, नवग्रह पूजन किया..."यदत्र संस्थितं भूतं स्थानमाश्रित्य सर्वदा। स्थानं त्यक्त्वा तु तत्सर्वं यंत्रस्थं तत्र गच्छतु॥ अपक्रामन्तु भूतानि पिशाचा सर्वतो दिशम्।" मंत्र पढ़कर कोई घंटे भर तो वे रासमणि की आत्मा को ही साधते रहे थे, ताकि भविष्य में किसी उत्पात की आशंका न रहे।

"ऊँ स्वस्तिनऽ इन्द्रो वृद्धश्रवा: स्वस्तिन: पूषा विश्ववेदा। स्वस्तिन स्ताक्ष्र्यो अरिष्टनेमि: स्वस्ति नो वृहस्पतिर्दधातु..." पंडित जी ने स्वस्तिवाचन किया और वर को विवाह मंडप में बुलवा कर पीले काष्ठासन पर बिठला दिया। कन्या के पिता उद्धव सिंह ने पश्चिम मुख खड़ा होकर पूर्व-मुख बैठे वर के माथे पर दधि रोली सहित पान के पत्ते से तिलक लगाकर चौमुख दीप को प्रज्वलित कर दिया।

विवाह की पूरी विधि लगभग ढाई-तीन घंटे तक चली।

अन्तिम विधि के रूप में उन्होंने वर-कन्या को ध्रुवतारा देखने का निर्देश दिया, "ध्रुवमुदीक्षस्व!" भागमणि पिसान की गठरी की तरह पीढ़े पर पसरी जा रही थी। पंडित जी ने हिला-डुलाकर उसे सचेत करना चाहा, लेकिन वह तो नींद से माती हुई थी। वे उसका सिर बार-बार आसमान की ओर उठा रहे थे, लेकिन उनींदी आँखें धरती की ओर ही झुक जाती थीं। उन्होंने उकताहट महसूस की, "पाहुन जी, आप ही देख लीजिए। दोनों में से किसी एक के देखने से चलेगा।"

वर बकलोल की तरह चेहरा ऊपर उठाये ध्रुवतारा देखने लगा..."ऊँ ध्रुवमसि ध्रुवं पश्यामि ध्रुवैधि पोष्ये मयि मह्यं त्वाऽदात्..." पंडित जी बोल रहे

थे, "यह जो ध्रुवतारा है न...इस विवाह का साक्षी है। यह तारा इसके अटल होने का आशीर्वाद दे रहा है।" वह वर से विशेष रूप में समझाते हुए बोले, "इस विवाह को अटल बनाने का पूरा भार अब आपके ऊपर है। सप्तपदी के बखत आपने जितनी शपथें खाई हैं उन सबों को जीवनपर्यंत मानना पड़ेगा, नहीं मानने वालों को पाप का भागी बनना पड़ता है।"

"हँ-व!" दुलहे ने डरकर हुँकार भरी। उसकी आँखों के आगे तारे ही तारे नज़र आ रहे थे।

इसी के साथ पंडित जी ने सात बार शंख की विलंबित ध्वनि करके विवाह का शुभान्त कर दिया।

शाम से ही चमक बिखेरते रहे तारे धीरे-धीरे औचक होने लगे हैं। आसमान के पूरबी भाल पर रात की आख़िरी सौगात लिये 'सुकवा' झलकता है। समधी हड़बोंग मचाते हैं, "सुकवा उग गया है। अब विदाई हो जानी चाहिए। हनुमान जी की आयसु के अनुसार भिनसार में काग बोलने के पहले ही..."

औरतें अब तक की पीड़ा और मेहनत से बोझिल हैं, कमर तनिक सीधी करने ही वाली हैं कि विदाई की सुनगुन शुरू हो जाती है। बड़ी कठिन साबित हो रही है विदाई...कल के अघट से भी कठिन।

भागमणि माँ की गोद में निर्भेद सो गई है। झकझोर कर जगाया जाता है उसे, "माया तज बबुनी। विदा होना है...पराया भया बाबुल का द्वार..."

कहाँ विदा होना है? क्यों विदा होना है? क्यों परायी हो गई वह? माँ की गोद से चिपटकर बिसुरने लगी है भागमणि। क्या समझे वह नादान...

सूतल रहलों मइया तोरी गोदवा, निंदिया उचट गई मोर।
केकरे दुआरे मइया बाजन बाजे, पूछे नैना भरि-भरि लोर...

डरी हुई, आँसुओं से भरी हुई आँखें पूछती हों जैसे...माँ! मैं तो तुम्हारी गोद में सो रही थी, सहसा नींद उचट गई। यह किसके दरवाजे पर बाजा बजा, किसका विवाह रचा गया? मुझे तो कुछ पता ही न चला।

दादी उसे ससुराल में रहने का लूर-ढंग सिखाती है, लेकिन भागमणि की एक ही रट, "मैं अकेले न जाऊँगी। दादी तू भी साथ चल न..."

"बक्...ऐसा भी कहीं होता है! मुद्दई पिया के घर अकेला जाना होता है..." माई-बहिनियों का आकार रुलाई में सिमट आता है...लयबद्ध रुलाई कलेजा काढ़ ले रही है...औरतें आप कहानी कह रही हैं, आप सुन रही हैं :

नाहीं सिखलीं हम माई, गुन अवगुनवा, नाहीं सिखलीं रसोई।
सास ननद माई, मोंहे गरिअइहें...मोंसे सहन ना होई...

मैंने न कोई गुण सीखा न अवगुण ही जाना और न मैंने रसोई बनाना ही सीखा...ससुराल में मुझे सास-ननद गाली देंगी...उसको सहना मेरे वश की बात नहीं...

अनभल जग की अजब यह रीत, बलात् बनावे किसी को मीत। यहाँ पाप है दिल से दिल का नाता, रिश्ता वही जो जग को भाता। मानुष दिल को लिये बेचारा, फिरता जग में मारा-मारा।

कल तो केवल आदमी रोया था। आज माटी रोती है, हवा रोती है। दसों दिशाएँ रोती हैं। बैल, गाय, चरन, इनार, बाग-बगइचा, फूल-पत्ते रोते हैं... सुपली-मौनी, गुड्डे-गुड़िया, कुल-परिवार, सारा गाँव रोता है। कुँहकार सुनकर नीम का पेड़ जैसे काँपने लगता है और उस पर रैनबसेरा डालीं चिरई-चुनमुन 'किचपिच-किचपिच' कर रोने लगती हैं।

उद्धव सिंह बेटी को छाती से लगा लेते हैं, "बबुनी होऽऽ...ओऽऽ! अब कौन आकर मुझसे कहेगा कि बाबूजी चल के खा लो...चाह पी लो..." वह फफक पड़ते हैं।

"बाबूजी, हमरा साथ ना चलबऽऽ...?" पतले-पतले होंठ काँपते हैं भागमणि के।

वह बिना कुछ बोले बाहर तक छलक आई रुलाई को किसी तरह रोक पाते हैं।

काका हड़बड़ाते हुए आते हैं, "उद्धव, देर मत करो। बेला बीती जा रही है। इसकी तैयारी का जिम्मा लुगाइयों पर छोड़ दो। चलो समधी से भेंट लिया

जाए।" उनका गला भी भर्रा जाता है। चुपके से भागमणि के सिर पर हाथ फेरने लगते हैं। नन्हे-नन्हे हाथ उनके गले से चिपटते हैं, "तुहुँ साथ न चलबऽऽ? केहु नइखे जात हमरा साथ। सभे हमरे के भेजल चाहता!"

काका के चट्टान से सीने को भेदकर आँसुओं का झरना आँखों से बह निकलता है। जंगाली बहू 'लँउड़ी-लोकनी' (दासी) बनकर साथ जाएगी भागमणि के। वह भागमणि को खींचकर अलग करती है। माँ अपनी तरफ़ खींचती है, भौजी अपनी तरफ़, चाची अपनी तरफ़...इनके बीच सेमल के गाले[1] की तरह फहर-फहर उड़ती है भागमणि।

धोती, धान और धन से भरे 'डाल' लिये बेटी वाले 'मिलनी' की रस्म पूर रहे हैं। शामियाने में तितर-बितर का आलम है। पौ फटती जान अधिकांश बाराती दिशा-फरागत के लिए हाथ में लोटे लिये खेतों में पसर गए हैं। उम्ररसीदों ने सबको हँकाना शुरू कर दिया है। बाराती दौड़े-दौड़े आकर अपने-अपने ऊँचे आसन पर जम जाते हैं। घराती अपनी-अपनी उमर और रिश्ते के हिसाब से गले मिलते हैं...बूढ़े से बूढ़ा, जवान से जवान, बच्चे से बच्चा मिलता है। खूँट में धान बँधी धोती पैरों पर रख दी जाती है, धन हाथ में थमा दिया जाता है और दोनों पक्ष परस्पर अँकवार बाँधकर हुमच-हुमच कर गले मिलते हैं। उद्धव सिंह ने जबरदस्त जुटान किया है 'मिलनी' के लिए। यहाँ तक कि घोड़े से घोड़े को मिलवाया जाता है और हाथी से हाथी को। सबसे आखिर में उद्धव सिंह समधी के गले मिलते हैं, तो एकबाल सिंह उन्हें कसकर चिपटाते हुए जकड़ लेते हैं, "कल तो बड़ा बाघ बन रहे थे जोड़ीदार! अब आज फरिया लिया जाए कि किसकी छाती में कितनी पसली है!"

सारा गिला जाता रहता है। लोग मुस्करा पड़ते हैं। उद्धव सिंह सिसकते हुए समधी के पैरों पर झुक जाते हैं, "जाने-अनजाने भूल-चूक हुई हो तो माफी माँगता हूँ...अपनी आँख की पुतली सौंप रहा हूँ आपको...चाहे जैसे रखें।"

गम्भीर हँसी हँसते हैं समधी, "बेफिक्र रहें आप। पतोहू को मैंने सहेज लिया है, कस्तूरी की तरह।"

---

1. *सेमल के गाले*—सेमल फल (पिट्ठे) के खूब पक जाने पर वह फट जाता है और एक-एक बिनौले (बीज) के ऊपर लिपटी रुई हवा के साथ इधर-उधर उड़ती रहती है।

"कौन बाप बेफिक्र रह सकता है, समधी जी!" अचानक उद्धव सिंह की नज़र डगर की ओर उठ जाती है...

भागमणि की डोली गाँव की कुलदेवी के चौरे तक पहुँच गई है। नीचे उतार कर कुलदेवी के चरणों पर उससे मत्था टिकवाया जा रहा है...'जहाँ जाय, देवी माँ सहाय!'

भागमणि रोते-रोते सटकदम हुई जा रही है। आँसुओं की धार से आँचल भिगोती औरतों का दल पीछा ही नहीं छोड़ना चाहता भागमणि की डोली का। निर्दयी चारों कहार अपनी चाल तेज़ कर दे रहे हैं...औरतें गिरते-पड़ते पीछा किए जा रही हैं...डोली गाँव के 'सीवान' तक पहुँच चुकी है। बस, अब अगली अमराई में डगर दीठ ओझल हो जाएगी। सबकी आँखें, टह-टह लाल सूजी आँखें डोली की अन्तिम झलक तक को बसा लेना चाहती हैं पुतली में...

किवाड़ के पाले पकड़कर दो सूनी आँखें भी देख रही हैं भागमणि की डोली को...ये आँखें खुलकर रो भी नहीं सकतीं...लेकिन ये आँखें जिस देह में हैं, उस देह का एक-एक अंग रो रहा है...आसू की धार बाहर नहीं निकलती, अन्तस्सलिला नदी की तरह भीतर ही भीतर बह रही है...

बाबा सिर मोरा रोवेला सेनुर बिन, नयना कजरवा बिना ए राम
बाबा गोद मोरा रोवेला बालक बिन, सेजरिया सैंया बिना ए राम...

जिसको जाना चाहिए वह रह गई, जिसे नहीं जाना चाहिए वह चली गई... जैसे ही डोली अमराई में गुम होती है, वैसे ही जानकी भी किवाड़ बन्द कर लेती है, लेकिन आँख की पलकें नहीं बन्द कर पाती है वह...अँधेरे में खुली बिना काजल की दो आँखें, भयानक जंगल से गुज़रती पगडंडी की तरह अखरी माँग।

नीम के पेड़ पर काग बोल उठता है, उधर आसमान में 'सुकवा' अपनी अन्तिम जोत फेंककर गुम हो जाता है।

कारज सम्पन्न हो गया है। सारा कुछ एक चक्रवात की तरह गुज़रा है...एक अदम्य वेग में सबने उड़ान भरी है...एक निश्चित ऊँचाई छूकर फिर लौट आए

हैं सब, धरती पर, सब लोग एक जगह बटुर गए हैं...मँड़वे का भोर...अपने आप में सारा अर्थ खोलता है...सब कुछ बह गया, केवल गाद रह गई है।

कोई नीम की जड़ पर, कोई चरन पर, कोई ज़मीन पर ही टाट-चटाई घसीटकर आड़े-तिरछे पसर गया है। लगातार संघर्ष में थककर चूर हो चुके हैं सूरमा। शायद विजय भी मिली है, लेकिन अंजर-पंजर ढीला हो रहा है। जँभाइयाँ लेकर, बदन की गाँठें तड़काकर; गत शौर्य की विरुदावली गायी जाने लगी है—किसने कब, क्या कहा, कैसा बर्ताव किया, किसने ऐन मौक़े पर ऐसा न किया होता तो क्या हो जाता!

हरारत मेटने के लिए रामजस काका चिलम सुलगा लेते हैं। ढेर सारा धुआँ छोड़ते हुए कहते हैं वह, "रामजवाहिर! एक पत्तल में पूरी-तरकारी, दही, बुँदिया, जलेबी-लड्डू...सब थोड़ा-थोड़ा निकालकर लाओ तो..."

"ना-ना, अभी रहने दीजिए।" पंडित जी अपनी तोंद पर जनेऊ रगड़ते हुए मना करते हैं, "कल का खाया ही अभी पचा नहीं है।"

"अरे, महाराज जी! आपके लिए नहीं।" काका पीठ पर चरन की टेक ले लेते हैं, "लाओ न, रामजवाहिर!"

"अब किसके लिए?" पूछता है रामजवाहिर।

"लाओ न। काज-परोजन में ऐसी भूलबिसरी नहीं चलती है...एक-एक आदमी का हिसाब रखना पड़ता है।" काका भूसे वाली दालान की ओर इशारा करते हैं, "उस अगिया बैताल को निकालोगे भी? बँधे-बँधाये कहीं टें न बोल जाए?"

"अरे...रमेसर!" लोगों को होश आता है। रमेसर को बंधन मुक्त करके लाया जाता है। काका उसके सामने पत्तल रखवाते हैं। रक्त-संचार थम-सा गया है उसका। विक्षोभ से वह सबको बिटर-बिटर देख रहा है, पत्तल को हाथ नहीं लगाता, "मैं नहीं खाता ऐसा अन्न।" वह घृणा से मुँह घुमा लेता है।

"देखो, सार का नखरा! मरखाह (मारने वाला) बैल का सब धड़ सियार खा गया लेकिन उसका सींग हिलाना बन्द नहीं हुआ।" काका फिच्च-से हँस पड़ते हैं, "उपासे काया छछन रही है, लेकिन शान सातवें आसमान पर। तनिक ढंग से खाया करो। खाली पढ़ने से काम न चलेगा।" काका झिड़कते

हैं, "कल उद्धव ने पटखनी दी तो अँकरे (पहले ब्यान) की बछिया की तरह थसक गए थे!"

रमेसर चुपचाप दाग़ सहलाने लगता है। पूरे शरीर पर रस्सियों के दाग़ उभर आए हैं।

"रमेसरा ने भेद न खोला होता तो इतना झमेला नहीं पड़ता," कुलभूषण सिंह कहते हैं।

"मुझे तो उद्धव से भी बड़ा डर लग रहा था।" काका परम तृप्ति के भाव से चिलम का गहरा कश खींचते हुए कहते हैं, "अब जाके तनिक जी में जी पड़ा, पंडिज्जी! हनुमान जी की किरपा से सब नीके-नीक पार लग गया।"

पंडित जी दक्षिणा में मिली राशि की गणना कर रहे हैं। बही-बटुआ पोथी वाले झोले में रखते हुए हिकारत से कहते हैं वह, "इस लड़के ने जग्य-भरभंड करने में कोई कसर न छोड़ी थी। वह तो आप लोगों जैसा छत्रिय था कि सब निभ गया।" उद्धव सिंह की ओर बदन घुमाकर सदानन्द पंडित गद्गद होकर बोलते हैं, "जजमान की कदराई क्षणिक थी, वीरोचित थी। यह तो राजा भगदत्त से भी बली निकले।"

उद्धव सिंह थकान से चूर-चूर हो रहे हैं, पूरी देह पिरा रही है। मगर प्रशंसा सुनकर चौकन्ने हो जाते हैं...देखें और क्या-क्या कहते हैं पंडित जी। उनकी थकान और दर्द की तासीर बदल जाती है।

"जी...हाँ।" हठात् रामजस काका को याद आता है, "ए पंडिज्जी, उस हाथी का क्या हुआ?"

"बताया तो था।"

"पूरा बताने का मौका कहाँ मिला?" जगमोहन सिंह उत्सुकता से गर्दन तान लेते हैं, "सिर्फ इतना कि अर्जुन ने धनुष-बाण डाल दिया और मरा हाथी भी जस का तस खड़ा रह गया।"

"अच्छा-अच्छा!" पंडित जी थलथलाकर हँसते हैं, "वह कथा तो तात्कालिक उपचार के निमित्त थी...लेकिन सुन लीजिए, कहीं काम आएगी।" पंडित जी जाँघों पर थपकी देते हुए कथा सूत्र जोड़ने लगते हैं, "राजा भगदत्त अपनी जाँघ के बल से और चातुरी से रहस्य को छुपाकर मन्द-मन्द मुस्करा

रहे थे। तब तक कृष्ण भगवान ने हतशौर्य हो चले अर्जुन की पीठ थपथपाई, 'साधु-साधु कौंतेय! अब उठा भी लो गांडीव।' अर्जुन मलिन मुख हो बोले, 'नहीं, केशव! प्रतिज्ञा के अनुसार अब मैं पराजय स्वीकार करता हूँ।' कृष्ण भगवान ने हौले से भेद खोला, "कहेउ कृष्ण पारथ सुनहु, प्राण तज्यो गजराज! राख्यो है नृप जंघ गहि, अस्त्र तज्यो केहि काज?"

रामजवाहिर को यह बात अविश्वसनीय-सी लगी तो पूछ बैठता है, "पंडित जी! इतना बड़ा हाथी। भला जाँघ के बल टिक पाएगा?"

"देखो, बीच में टोकाटाकी मत करो। पंडित जी की लय गड़बड़ा जाती है, "धर्मशास्त्र की बातों में शंका नहीं की जाती।"

रामजवाहिर का प्रश्न रमेसर को बड़ा अच्छा लगता है। वह पंडित जी से उलझ पड़ता है, "आप भी क्या बात करते हैं, पंडित जी! किसी भी अच्छे ग्रंथ में कभी नहीं लिखा होगा कि सब कुछ आँख मूँदकर मानते चलो..."

"जरा मैं भी तो सुनूँ कि पढ़ाकू जी ने कितने ग्रंथ पढ़ लिये हैं अब तक?" पंडित जी फेर में पड़ जाते हैं, "ये लड़के चार अच्छर 'एबीसीडी' क्या पढ़ लेते हैं, मानो इन्हें पखना (पंख) जम जाता है। धरम-करम की बातें इन्हें सुहाती ही नहीं..."

"धर्म-कर्म की उचित बात हो तो मानी भी जाए। सद्ग्रंथ आप जिसे कहते हैं वह ठग विद्या है।"

"कविता कौमुदी का नाम सुना है तुमने?" पंडित जी शास्त्रार्थ पर उतर आते हैं, "उसमें साफ लिखा है कि 'व्रते विवादं विमतिं विवेके सत्येतिशं कां विनये विकारम्, गुणेवमानं कुशले निषेधं धर्मे-विरोधं न करोति साधुः'...व्रत में विवाद, विवेक में मतभेद, सत्य में सन्देह, विनय में दुर्भावना, गुण में अपमान, कुशल का निषेध और धर्म का विरोध सज्जन मनुष्य कभी नहीं करते...मैं क्या झूठ बोल रहा हूँ? क्या ठगा है जी, मैंने तुमसे?" पंडित जी क्रोध में उठकर जाने लगते हैं।

"रमेसरा, तू फिर पकर-पकर करने लगा रे!" रामजस काका उठकर खड़े हो जाते हैं, "रमजवहिरा, तू भी बाभनों का निरादर करना सीखने लगा रे!"

लोग पंडित जी को बैठा लेते हैं...अनुनय-विनय करके, पंडित जी का मन व्यंग्य से कसैला हो उठता है। जब सन्देह की बात उठ ही गई तो उसका निराकरण

न करना उनकी पूरी पंडिताई के लिए चुनौती है। झुँझलाकर वे रामजवाहिर से कहते हैं, "इसे ऐसे बूझो...तुम अपनी साइकिल से बिना उतरे सिर्फ पैर रोपकर उसे खड़ा नहीं कर देते हो? राजा भगदत्त क्या तुम लोगों की तरह पिलपिले आदमी थे? मरे हाथी को खड़ा करना उनके लिए कौन कठिन था! वह आज के नौजवानों की तरह नहीं थे कि पशम[1] उखड़े ना, बलवान खाँ नाम..."

"न जाने कब तक ये लोग मरे हाथी से चिपके रहेंगे और उसका हौआ खड़ा कर दूसरों को भी डराते रहेंगे।" रमेसर घायल चीते-सा गुर्राता है, "यह कथा पुराण ही होता रहेगा? रासमणि का प्रवाह नहीं करना है, क्या?" वह अकेला उठकर जाने लगता है।

परिवार जनों के लिए रासमणि कब की अप्रासंगिक हो चली है। इस विजयोन्माद में बीता दुख तनिक भी भारी नहीं पड़ता है।

रामजवाहिर शंका प्रकट करके लज्जा अनुभव कर रहा है। अच्छे बच्चों की तरह क्षमा माँगने के अन्दाज़ में वह कहता है, "आप सुनाइए पंडित जी! मैं आपकी बात बूझ गया हूँ।"

रमेसर के वहाँ से हट जाने पर पंडित जी पुराने ढर्रे पर लौट आते हैं। "हाँ...तो भगदत्त की पोल खुलते ही अर्जुन ने एक अर्द्धचन्द्राकार बाण से उनका मस्तक काट डाला। मृतक गयन्द सहित नृप परेऊ; झलकत मुकुट जरावन जरेऊ। अर्जुन रण कीन्ही यह करणी; योजन तीनि पर्‌यो गज धरणी।" दार्शनिकों की तरह गम्भीर-गुण होकर कहते हैं पंडित सदानन्द, "प्रभु की लीला भी विचित्र है! वही हाथी कौरव दल को अब तक त्राण दिलाता आ रहा था, लेकिन उसका मृत शरीर जब धरती पर गिरा तो तमाशा देखती कौरव सेना के कितने ही महत्त्वपूर्ण वीर चींटियों की तरह कुचलकर मर गए...

"मरा हाथी गिरा भी तो अपने ही आदमियों को कुचलते हुए..." रमेसर जोर-जोर से हँसने लगता है, उस पर पागलपन का दौरा पड़ गया हो जैसे, वह रासमणि की लाश पीठ पर टाँग लाया है।

---

1. *पशम*—मेमनों के उपस्थ का नर्म और मुलायम रोयाँ, जिसे कैंची से काटने के बदले उखाड़ लिया जाता है। इससे पशमीने की चादर वगैरह बनती है। यहाँ कहावत के रूप में प्रयुक्त।

अचकचाकर देखने लगते हैं लोग...हतप्रभ हो चले लोग, मौन-अवाक्, स्थिर अडोल, जैसे अपनी-अपनी जगहों पर कील दिए गए हों सभी। दिशाएँ सुन्न हो गई हैं, आकाश खाली हो गया है, हवा थम गई है।

पीठ पर रासमणि की कठान लादे किसी कापालिक की तरह लग रहा है रमेसर।

लाश अकड़ गई है, चेहरा ऐंठकर विकृत हो चला है। हल्दी उबटन से पीली हुई देह पर काले-भूरे पेटाढ़े[1] रेंग रहे हैं। तेल चुपड़े बालों में भूसा सट गया है। तनिक भी हिल जाने पर चिनगारी की तरह झरकर झड़ रहा है भूसा। चूहे-छछूँदर जैसे जीवों ने रासमणि के नाक-कान का मांस नोच लिया है, साड़ी-ब्लाउज़ तक कुतर डाला है। एक अधनुचे कान में लटकी रह गई बाली हिल रही है। साड़ियों के गुंझल में फँसी एक चुहिया लद से गिरती है और 'चीं-चीं-ईं' करती हुई नीम की जड़ की तरफ़ भागकर एक बिल में समा जाती है।

उद्धव सिंह विस्फारित आँखों से देखते रह जाते हैं बेटी को। लगता है, उनकी बाईं आँख से भागमणि निकल रही है। उनकी दाईं आँख से रासमणि।

[जनवरी, 1998 में 'सारिका' में प्रकाशित]

1. *पेटाढ़े*—भूसे और पुआल-पेटाढ़ी में लगने वाले हल्के भूरे रंग के पिल्लू।

तख़्त-ओ-ताब

अब्बू अभी दस्तरख़्वान पर बैठे ही थे कि शरजिल और अनीक़ा के बीच आँखों ही आँखों में इशारे हुए और ड्रामा शुरू हो गया।

अनीक़ा ने बड़े भाई का नाम लेते हुए पूछा, "शरजिल, तुमने ड्रॉइंग बनाया है?"

वह बदन को थरथराते हुए बोला, "जी नहीं, मैडम।"

"क्यों?"

"मेरे पास पेंटिंग बॉक्स नहीं है" उसने सहमकर बताया।

"क्यों?" टीचर बनी अनीक़ा की भवें खिंच गईं, "अभी तक पेंटिंग बॉक्स नहीं है तुम्हारे पास?" अचानक वह दाईं ओर घूम गई, "ऐ तुम लोग हँसो मत।" ऐसा लगा जैसे क्लास के बच्चे खिल्लियाँ उड़ा रहे हों। शरजिल का चेहरा उसी अन्दाज़ में शर्म से गड़ा जा रहा था। अनीक़ा ने एक बार फिर हवा में फटकार दी, "इसमें शरजिल का कसूर नहीं है। लगता है, इसके गार्ज़ियन अव्वल दर्जे के लापरवाह हैं।" लापरवाह कहते वक़्त अनीक़ा की जीभ ज़रा लरज़ी और उसने अब्बू को कनखी से देखा। अब्बू के हाथ रुक गए थे। खाना ज्यों-का-त्यों पड़ा रहा और वे उस तमाशबीन की तरह-से उठ खड़े हुए जो चुपचाप किसी महफ़िल को बीच में ही छोड़ देता है।

अम्मी की हालत देखने लायक़ थी। "ज़रा-सी बात के लिए इतनी शरारत की क्या ज़रूरत थी।" कहते-कहते उनका चेहरा ज़र्द हो गया।

अनीक़ा ने बिना किसी हिचकिचाहट के राज़-फ़ाश कर दिया, "कोई दूसरी तरकीब भी तो नहीं थी। अब्बू से सीधे माँगकर हम आजिज आ गए थे। स्कूल में डाँट हमें खानी पड़ती थी न।"

अब्बू जब लौटकर आए तो उनके हाथ में दो पेंटिंग बॉक्स थे। पेंटिंग बॉक्स इनके हाथ में न देकर उन्होंने मेज़ पर रख दिया और तमतमाए हुए अपने कमरे में चले गए।

माहौल भारी हो चला था, मगर शरजिल और अनीक़ा को इस कामयाबी पर कम ख़ुशी न हुई। ड्रॉइंग का सामान लिये दोनों दौड़ते हुए बैठक में पहुँचे। हर रोज़ की कोशिश बेकार हो जाती थी, लेकिन एक ही ड्रामे ने इतनी बड़ी-फ़तह दिला दी। दोनों तस्वीर बनाने में जुट गए। शरजिल तो इतना डूब गया कि आसपास की कुछ ख़बर न रही। अनीक़ा अपना सामान समेटे दरवाज़े के पास खड़ी हो गई। अचानक उसकी नज़र चिलचिलाती दोपहरी में दरख़्तों की घनी छाँव तले खेलते बच्चों पर पड़ी। फिर तो वह उन्हें बड़ी हसरत से देखने लगी। थोड़ी देर तक यह नज़ारा उसकी आँख में काँपते पानी-सा ठंडक देता रहा। लेकिन शेख़ की झोली के ख़जूर से कभी ऊँट का पेट भरा है। अनीक़ा की सर्द आह निकल गई, "कितना मज़ा है।"

वह दहलीज़ पर बैठ गई और 'स्टिल पेंटिंग' करने लगी...बहुत ही उम्दा मवाद (प्रेरणा-सामग्री) था, एक ख़ूब लम्बा-चौड़ा दरख़्त, एक फैला-फैला आसमान, पेड़ पर बेशुमार परिंदे, दीन-दुनिया से बेख़बर खेलते हुए बच्चे... ख़ुद-ब-ख़ुद ढलता गया यह सारा मंज़र अनीक़ा की तस्वीर में।

शरजिल अपना काम ख़तम कर चुका था। "अनीक़ा, देखो तो मैंने क्या बनाया है?"

वह उसकी तस्वीर ग़ौर से देखने लगी, "ये दोनों आदमी, तुम्हीं ने बनाए हैं?"

"तुम्हें शक हो रहा है, क्या?"

"एक तो अच्छा है, मगर यह दूसरा उससे हल्का पड़ रहा है।"

"मैंने जानबूझकर बनाया है।"

"गन्दी बात है।" अनीक़ा बोली, "दोनों को बनाने वाले तुम्हीं हो, तुम्हें ऐसी बेईमानी नहीं करनी चाहिए।"

"तुमने समझा नहीं, पहला बादशाह है और दूसरा उसका वज़ीर।"

"उससे क्या।" अनीक़ा अपनी तस्वीर उसके सामने फैलाकर बोली, "मैंने सब बच्चों को एक-सा खूबसूरत बनाया है।" उसकी तस्वीर वाक़ई अच्छी थी। उसकी रानाई ने शरजिल के मन में जलन पैदा कर दी। नुक्स का कोई नुक्ता न मिला तो वह उन बच्चों की ही शिकायत करने लगा। "तुमने इन वाहियात लड़कों की तस्वीर बनाई है? छी:...अब्बू ने बताया नहीं है कि ये गन्दे लड़के हैं। ओछे लोगों की औलाद...ज़ाहिल...हरदम फ़ोहश गालियाँ बकते रहते हैं।"

शरजिल की इस बेवजह नफ़रत से अनीक़ा के अन्दर उन बच्चों के लिए हमदर्दी पैदा हो गई...हमदर्दी से भी ज़्यादा एक तरह की ज़िद्द, क्योंकि उसकी तस्वीर गली-कूचे के उन बच्चों से ही वाबस्ता थी। "वे मुझे अच्छे लगते हैं।" अनीक़ा ने महज़ इतना ही कहा।

शरजिल हसद से भर उठा, "ज़ाहिल बच्चे इतने पसन्द हैं तो नाहक इतने उम्दा स्कूल में पढ़ती हो।" वह फ़ब्तियाँ कसने लगा, "जाओ, उन्हीं के साथ खेलो, गलीज़ में लिथड़ो।"

वह चुप हो गई। कौन शरजिल के मुँह लगे? अनीक़ा के तसव्वुर की झील में जैसे कोई बड़ा-सा पत्थर आ गिरा हो। वह एक के बाद एक कई तेज़ साँसें लेने लगी। वह मेज़ पर पेट के बल लेट गई और खेलते बच्चों को मुसलसल देखती रही।

शरजिल यूँ ही कुर्सियों को इधर-उधर खिसकाकर अलग-अलग तरतीब दे रहा था। इससे कुछ मिलता न देख वह दरवाज़े पर खड़ा हो गया। अनीक़ा को बाहर देखने में रुकावट पैदा हुई—"ज़रा हवा तो आने दो!" वह बोली।

"गर्म हवा आ रही है।" शरजिल ने जानबूझकर चिलमन गिरा दिया। कमरे में सुरमई अँधेरा भर गया। गर्म हवा के थपेड़े कम तो हो गए, लेकिन घुटन महसूस होने लगी। यह गर्मियों की दोपहर थी। स्कूल मॉर्निंग हो चले थे। इस उचाट दोपहर में बाहर जाने की सख़्त मनाही थी। अब्बू अपने कमरे में खर्राटे ले रहे थे और अम्मी अपने कमरे में। कम्बख़्त नींद भी नहीं आ रही थी, पेंटिंग भी पूरी हो गई थी। अब तो ख़ुदा ख़ैर करे! मुई दोपहर न हुई शैतान

की आँत हो गई, काटे नहीं कटती, कमरे के चिकने नीमअँधेरे में तैरता हुआ शरजिल थोड़ी ही देर में हाँफने लगा। "छोड़ो, आओ हम भी कुछ खेलें", वह अपने आप से उकताकर बोला।

"क्या खेलोगे? क्रॉसवर्ड, लूडो?" बन्द कमरे में यही कुछ खेल दुहराते हुए वह ऊब गई थी। चुनाँचे अनीक़ा ने कुछ ख़ास तवज्जो न दिया। धूप से बचने के लिए एक कबूतर रोशनदान पर आ बैठा था। वह उसकी 'गुटरगूँ' के साथ ताल देने लगी।

शरजिल ने खेलने को कह तो दिया, मगर सही खेल चुनने में उसे ख़ुद दिक़्क़त होने लगी। उसने पट से टी. वी. का स्विच ऑन कर दिया। कोई प्रोग्राम नहीं आ रहा था। नीले परदे पर सिर्फ़ जुगनू कौंधते रहे। उसने नाक सिकोड़ते हुए उसी तल्ख़ी से स्विच ऑफ़ भी कर दिया, उसने शेल्फ़ से एक पुराना कॉमिक्स उठाया और उसमें अपना चेहरा गड़ा लिया।

अनीक़ा मेज़ से उतरकर दरवाज़े तक चली गई और चिलमन का ज़रा-सा कोना सरका दिया। रोशनदान से कबूतर उठा और चिलमन की फाँक से बाहर उड़ चला। आज़ाद परिंदे की रूह दरख़्त की घनी छाँव तले खेलते बच्चों में समा गई...उन्हें एक फैला-फैला आसमान दिखाते हुए। झूम-झूम कर हिलती शाखों पर झूल रहे थे वे बच्चे। अनीक़ा उसी तरफ़ देख रही थी। ललचाई निगाहों से, खोयी निगाहों से, दरअसल शरजिल और अनीक़ा की बन्द दुनिया से एक अलग दुनिया थी उन ज़ाहिल बच्चों की। इनकी तो उससे ज़्यादा तेज़, सलीक़ेदार और फ़सीह लोगों की दुनिया थी। इनकी तरबीयत इतनी बंदिशों के बीच जितनी मुमकिन थी और जैसा कि अब्बू चाहते थे, एक ख़ास तौर-तरीक़े से हुई थी। यह दुनिया इनकी किताबों से लेकर टी. वी., ड्रामा, फ़िल्म, कॉमिक्स, इसी बैठक में तय होने वाले सियासी मसलों और अब्बू की बच्चों को हरदम अच्छी सोहबतों में रहने की सख़्त हिदायतों तक फैली हुई थी। हालाँकि इनकी उम्र कुछ ख़ास नहीं हुई थी। शरजिल अभी अल्हड़पन की उम्र में ही था, ज़्यादा से ज़्यादा कहें तो नीमबालिग और अनीक़ा उसके पीछे-पीछे ही चल रही थी, लेकिन अपनी ज़हानत से, समझ-बूझ से अम्मी-अब्बू को वे दोनों कई बार हैरत में डाल चुके थे, जिसकी ताज़ा मिसाल आज पेंटिंग बॉक्स झटकने

की थी। इसीलिए अब्बू इनकी तालीम को लेकर बेहद संजीदा थे। कॉन्वेंट स्कूल में पढ़ते हुए भी उर्दू-फ़ारसी के लिए अलग से एक मौलवी साहब रख लिये गए थे। मौलवी साहब थे अव्वल दर्जे के क़िस्सागो। अक्सर वे सबक़ पूरा करवा देने के बाद क़ौम की कभी बुलन्द रह चुकी तवारीख़ का हवाला उनको सुनाने वाले अफ़सानों में दे दिया करते थे।

हालाँकि अनीका इन अफ़सानों का कभी क़ायल न रही। अमूमन हर अफ़साने में एक ही बात...जंगबाज़ी, जासूसी, ग़द्दारी, क़ैद और क़त्ल पर मरकूज़ तवारिख़ी अफ़साने।

अनीक़ा अपनी तस्वीर में कुछ और रंग भरने लगी, लेकिन दिल न लगा। वह शरजिल के पास चली गई। न जाने कब कॉमिक्स पढ़ना छोड़कर वह बादशाह के ताज में कलगी जड़ने में लगा हुआ था। अनीक़ा मुस्कराई, "वज़ीर को यूँ ही सादा छोड़ दोगे?"

उसने तस्वीर को बीच से फाड़ दिया और वज़ीर वाला हिस्सा अनीक़ा की तस्वीर के ऊपर फेंक दिया, "अब यह तुम्हारे गलीज़ बच्चों के साथ रहेगा। इसके लिए माकूल जगह वही है।

अनीक़ा ने चिढ़कर वह टुकड़ा उठा लिया और बाहर फेंकना चाहा, लेकिन न जाने क्या सोचकर वह उसी में रंग भरने लगी। शरजिल हिकारत से देखता रहा। वह सादे वज़ीर को रंग की ख़ूबसूरती देती रही।

काम ख़त्म हो जाने पर उसने शरजिल को दिखाना चाहा, लेकिन बादशाह की नक्काशी करते-करते वह ऊँघ रहा था। अनीक़ा उसके कन्धे को छूते हुए बोली, "शरजिल! ए शरजिल! सो रहे हो क्या? चलो कुछ खेलते हैं।"

सोना वह भी नहीं चाहता था। वक़्त काटने की मजबूरी उसके भी सामने थी। "क्या खेलोगी?"

"कुछ भी। तब आज कोई नया खेल होना चाहिए।"

"कौन-सा?"

शरजिल कुछ सोचने के बाद बोला, "बादशाह और वज़ीर का।"

"यह खेल होगा?" अनीक़ा को इस क़िस्म के खेल पर शक हुआ।

"चलो ड्रामा ही सही।"

"फिर ड्रामा?" वह अँगड़ाई लेते हुए बदन तोड़ने लगी, "चलो ड्रामा ही सही।" बन्द कमरे के पुराने हो चुके खेलों ने, बाहर जाने की मुमानियत ने, कुछ देर पहले ड्रामे की बदौलत मिली कामयाबी ने घुमा-फिराकर ड्रामे पर ही ला पटका।

शरजिल ने एक राय दी, "हम एक काम करें। बादशाह और वज़ीर में से जिसका रोल अच्छा होगा, उसे तमगा दिया जाएगा।"

"तमगा लेकिन हमारे पास है कहाँ?"

"किसी चीज को माना जा सकता है। तमगा एक सनद ही तो है।" वह पिछली ईद पर अपने मामू का भेजा एक 'थ्री-डाइमेंशनल ग्रीटिंग कार्ड' उठा लाया और उसे तिपायी पर टिका दिया।

'ग्रीटिंग कार्ड' को देखते ही अनीक़ा को लगा जैसे पुराने घाव की पपड़ी उखड़ गई हो। इस ख़ूबसूरत कार्ड को लेकर दोनों के बीच एक दफ़ा अनबन हो चुकी थी। वह अपने पास रखना चाहती थी इसे। स्कूल में लड़के तरह-तरह के कार्ड लाया करते थे। अनीक़ा ने सोचा था कि इसे दिखाने के बाद सबका रंग फीका पड़ जाएगा। लेकिन शुरू से ही कार्ड पर शरजिल का क़ब्ज़ा हो गया था। बल्कि अब्बू भी इस मामले में शरजिल की ओर चले गए थे, जबकि कार्ड पर मामू ने दोनों के नाम मुबारकबाद दी थी।

अनीक़ा ने खुलासा कर लेना चाहा, "इस कार्ड को तमगा मानते हो। अगर मेरा रोल अच्छा हो गया तो इसे मेरे पास रहने दोगे न?"

"बेशक, तुम्हारा हो जाएगा।"

"लेकिन बादशाह कौन बनेगा?"

"ज़ाहिर है कि मैं बनूँगा, तुम वज़ीर बन जाओ।" कहने के साथ ही वह तेज़ी से कुर्सी पर जा बैठा।

"बादशाह के लिए एक अदद कुर्सी ही काफ़ी नहीं होती। उसके लिए बहुत बड़ी लियाक़त होनी चाहिए।" उसने उसकी मंशा को भाँपते हुए कहा, "बादशाह मैं बनूँगी।"

"धत्!" वह फिच्च से हँस दिया, "लड़की होकर बादशाह बनोगी?" उसकी हँसी में मख़ौल छुपा था।

पता नहीं अनीक़ा को अपने लड़की होने पर कमतरी का अहसास हुआ या नहीं, लेकिन ख़िलाफ़ में वह बोली ज़रूर, "क्यों नहीं बन सकती? बादशाहत लड़कों के लिए रिज़र्व है क्या?"

"कभी सुना है तुमने किसी लड़की को बादशाह होते हुए?"

"क्वीन विक्टोरिया, एलिजाबेथ...खैर छोड़ो इन्हें...रजिया सुल्ताना, नूरजहाँ...इन्हें भी छोड़ो," भाई की ग़लत दलील को ख़ारिज करते हुए वह बोली, "मरहूमा इंदिरा गांधी तो हाल तक इसी हिन्दुस्तान में...।"

वह अभी बोल ही रही थी कि शरजिल ने टोक दिया, "नूरजहाँ? एकदम ग़लत, बादशाह तो जहाँगीर थे। जामा मस्जिद में ख़ुतबा उन्हीं के नाम से सुनाया जाता था।"

"ख़ुतबा भले उनके नाम से सुनाया जाता हो, लेकिन सिक्का तो नूरजहाँ का चलता था, बरख़ुरदार!"

बहन की दलील के सामने शरजिल टिक न पाया। शर्मसार होकर उसने ख़ामोशी अख़्तियार कर ली। यह तय नहीं हो पाया कि कौन बादशाह बने? दोनों के अपने तर्क थे, वज़नदार दावे थे, एक-दूसरे को काटती हुई दलीलें थीं, लेकिन सिर्फ़ अपने लिए। दूसरे के लिए वे किसी काम के नहीं थे। आख़िर में फ़ैसला हुआ कि बादशाह और वज़ीर की तस्वीर के फटे हिस्सों को मोड़कर एक-सी शक्ल दे दी जाए और आँख मूँदकर उठाया जाए। जिसके हिस्से में जिसकी तस्वीर पड़े वह वही बनेगा।

धड़कते दिल से शरजिल ने अपना काग़ज़ खोला। वज़ीर उसको मुँह चिढ़ा रहा था। वह बौखला गया, "ऐसा नहीं हो सकता। मैं तुमसे बड़ा हूँ। तुम्हारा भाई हूँ। क़ानूनन किसी चीज पर बड़े भाई का हक़ पहले होता है। मसलन, यह ग्रीटिंग कार्ड...तुम चीख़ती-चिल्लाती रही, लेकिन अब्बू ने दिलवाया मुझे ही।"

"तुम्हारी ज़बरदस्ती पर, वरना अम्मी का पूरा मन था कि वह मुझे मिले। अम्मी अक्सर कहती हैं कि अब लड़कियों को भी बराबर हक़ देने की चर्चा चल रही है।" अनीक़ा मायूस न हुई। एक बार फिर पीठ की धूल झाड़ते हुए उसने क़ायदे का जवाब दिया।

"अरे नहीं।" शरजिल ने संजीदगी से कहा, "पाकिस्तान में आज भी मर्दों के मुक़ाबले औरतों की गवाही आधी मानी जाती है।"

अनीक़ा जरा बद तो गई, लेकिन मुख़ालफ़त का जोश ठंडा न हुआ, "इस नाइंसाफ़ी और ग़ैरबराबरी की उम्र लम्बी नहीं है, वह दिन जल्द आएगा जब लड़के और लड़की का हक़ बराबर होने लगेगा।"

"हो सकता है।" उसने बेफ़िक्री से कंधे उचकाये, "मगर अभी वह दिन नहीं आया है।" शरजिल ने कुछ इस बेरुख़ी से कहा, जैसे वह इन बातों की ज़्यादा परवाह नहीं करता। उसने दुबारा वास्ता देना शुरू किया, "पिछली बार तुम टीचर बनी थी। मैंने इनकार तो नहीं किया था। इस बार मुझे बादशाह बनने दो। यह तुम्हारे बस का नहीं है।"

"तब तो मैं और बेहतर हुकूमत दे सकती हूँ। मेरे करिश्मों के तुम गवाह रह चुके हो। इस बार भी देखना। बादशाह बनने तो दो।" उसकी ख़ुद-इत्मीनानी बुलंदी पर थी, "आइ आलवेज़ डेयर टु चैलेंज़।"

आसानी से क़ामयाबी न मिलते देख शरजिल ने धमकी का सहारा लिया, "जाओ, तुमसे मैं बात नहीं करता, अब्बू को बताऊँगा कि अनीक़ा बाहर के बच्चों के पास खेलने जा रही थी। मेरे मना करने पर मुझसे झगड़ भी रही थी।"

"तौबा-तौबा!" वह दहल गई, "झूठ क्यों बोलते हो शरजिल? मैंने दहलीज़ से बाहर क़दम तक नहीं रखा। क्या उनके बारे में कुछ सोचना भी ग़लत है?" लेकिन झटके से उसने अब्बू के ख़ौफ़ को दूर फेंका और पलटकर बोली, "तुम हमेशा क़ाबिज़ होना चाहते हो। ठीक है कह देना। एक बार और डाँट खा लूँगी, लेकिन अब्बू को सच्ची-सच्ची बता दूँगी कि शरजिल ने आज खोमचे वाले का चूरन खाया है। तुम्हारे स्कूल बैग में दूसरी पुड़िया अभी भी मौजूद है।"

शरजिल की हालत बुरी हो गई, "मैं पुड़िया फेंक दूँगा, लेकिन यह तस्वीर ख़ुद सारा वाक़या बयान करेगी। वह भागा-भागा गया और बैग से पुड़िया निकालकर खिड़की से बाहर फेंकने लगा। वह दाँत पीसकर बोला, "ज़ालिम कहीं की।"

उधर शरजिल अपनी पुड़िया फेंक रहा था, इधर अनीक़ा इतने खुलूस से

बनाई गई तस्वीर को चिंदी-चिंदी कर रही थी। उधर शरजिल को सुकून मिल रहा था, इधर अनीक़ा का मानो कलेजा चाक-चाक हो रहा था।

दोनों एक बार फिर बुरी तरह तुनक कर अलग जा बैठे। एक दूसरे को इशारों से देख लेते थे। मगर झुकने को कोई तैयार न था।

लेकिन बादशाह और वज़ीर के आधे-आधे टुकड़े बार-बार अपनी मौजूदगी जता रहे थे। कुढ़कर बैठें भी तो कितनी देर तक। बाहर जा नहीं सकते और आपस में खेलने की गुंजाइश भी ख़तम होती नज़र आई।

शरजिल ने ऊबकर 'प्लेयर' पर एक पुराना रिकॉर्ड चढ़ा दिया। बेगम अख्तर की आवाज़ रवा-रवा होकर फ़िज़ाँ में तैरने लगी, "...ज़िन्दगी कुछ भी नहीं फिर भी जिये जाते हैं..."

"अब्बू सो रहे हैं, शरजिल! ज़्यादा उस्तादी न दिखाओ।" वह चिढ़कर बोली।

"कोई खेले तो मैं अब भी तैयार हूँ।" कुछ हद तक चेहरे को सख़्त बनाए शरजिल ने आहिस्ते से कहा और 'प्लेयर' बन्द कर दिया।

"लेकिन बादशाह बनने का अरमान नहीं छोड़ोगे।" सुलह की आमद देख अनीक़ा तनिक मुलायम पड़ी और पहल कर दी, "जाओ, तुम्हारे वास्ते बादशाहत छोड़ देती हूँ।" हालाँकि उसके ऐसा कहने में ज़माने भर का दर्द छलक आया था। अपना पल्ला छोड़ते वक़्त उसके गंदुमी चेहरे पर पसीने की बूँद झिलमिला गई। वह नथुने फड़काकर बोली, "वज़ीर बनूँगी, लेकिन तुम्हारी तानाशाही नहीं चलेगी।"

"ख़ुदा को हाज़िरो-नाज़िर जान हम क़सम खाते हैं कि..." वह निहायत ही ड्रामाई अन्दाज़ में बोला, "न अपने वज़ीर पर कभी तानाशाही करेंगे और न रिआया पर कभी ज़ुल्मोसितम ढाएँगे।" वह ठहाके लगाने लगा। अब तो वह इतना ख़ुश था, जैसे उसे सचमुच की रियासत मिल गई हो। वह दौड़कर अपनी ठंडी शेरवानी और उरेबी चुस्त पायजामा उठा लाया और अम्मी की एक सफ़ेद साड़ी से पग्गड़ बाँध ली।

अनीक़ा अपने सलवार-शमीज़ में थी ही। उसे ज़रूरत फ़क़त एक टोपी की थी। वह जुटा ली गई। आनन-फ़ानन में मेज़ पर मख़मली मुसल्ला डालकर गावतकिए रख दिए गए। तख़्त ऐसे तैयार हुआ। अब दरबार लगना था...

वह तख़्त पर बैठ गया।

अनीक़ा ने उसके साथ बैठना चाहा। शरजिल को नाग़वार लगी यह हरकत। वह उसे दरबार के आदाब सिखाने लगा। "वज़ीर, तुम ज़रा परे हटकर बैठो, उस निचली कुर्सी पर।"

वह दंग रह गई इस बदली हुई आवाज़ पर। क्या यह भाई की आवाज़ है? या किसी पुरानी क़ब्र में दफ़न किसी बादशाह की रूहानी आवाज़? वह बग़ैर हिले-डुले वैसे ही बैठी रही।

शरजिल ने झींकते हुए तमगे की ओर इशारा किया, "नहीं लेना है, क्या? तब अपना रोल बख़ूबी निभाओ।"

न चाहते हुए भी वज़ीर को नीचे की कुर्सी पर बैठना पड़ा।

अब बादशाह ने मटक-मटक कर सलाम क़बूल करना शुरू किया। "आह...वाह" की आवाज़ें निकालने लगे, जैसे फ़नकारों के फ़न का मज़ा ले रहे हों। जेब से झूठ-मूठ का कुछ निकालकर किसी-किसी को इनाम-एकराम भी देने लगे।

वज़ीर का मुँह उतर आया था। क्योंकि बादशाह का यह उबाऊ और अकेला रोल काफ़ी वक़्त लेने लगा था। वज़ीर ने दरबारी महफ़िल के बीच में ही कोरनिश बनाई, "जहाँपनाह?"

"क्या बात है, वज़ीर?" बादशाह सेंत-मेंत में लड़खड़ाए।

"जहाँपनाह! रिआया, क्या दरबार में शामिल नहीं होती?"

"रिआया?" बादशाह चौंके, "ये दरबारी क्या हैं?"

"गुस्ताख़ी माफ़!" वज़ीर ने कान छू लिए, "ये चापलूसों की जमात है।"

बादशाह सिर हिलाने लगे, कुछ देर तक सोचने के बाद उन्होंने रोबदार आवाज़ में फ़रमान ज़ारी किया, "ऐसा है! तो वज़ीर को हुक्म है कि वो सारी रियासत की भेष बदलकर सैर करे और रिआया की ख़बरों से मुझे आगाह करता रहे।"

वज़ीर ख़ामोशी से उठ खड़ा हुआ। उसने चिथड़े पहने और कमरे का चक्कर लगाने लगा।

इस बार बादशाह के ऊबने की बारी था, क्योंकि वज़ीर चक्कर-दर-चक्कर लगाए जा रहा था। अपने को उलझाने के लिए बादशाह ने मुड़ी-तुड़ी तस्वीरों

को उठाकर उसकी सलवटें ठीक कीं और बादशाह वाला हिस्सा अपने तख़्त पर अटका दिया और वज़ीर वाला अनीक़ा की कुर्सी पर।

उसने देख लिया तो तेज़ी से अपनी कुर्सी पर आ बैठी, लेकिन ऐसा लगा कि वज़ीर उसे उकसा रहा है। वह फ़क़ीर का लिबास उतारने लगी।

"रहने दो। मत बदलो लिबास।" बादशाह आहिस्ता-आहिस्ता चलकर वज़ीर की बग़ल में खड़े हो गए, "वज़ीर रिआया कैसी है? लोग मेरे बारे में क्या कह रहे हैं?" बादशाह की नकली बाँछें खिल रही थीं, जैसे अपनी हुकूमत पर बड़ा नाज़ हो उन्हें।

वज़ीर उससे मुख़ातिब था, लेकिन कुछ बोले बग़ैर उसने चेहरा झुका लिया।

"बोलो वज़ीर! हम जानने के लिए बेचैन हैं कि रिआया अमन-चैन से है या नहीं? पूरी रियासत में अपनी धाक कैसी है? हमारा बन्दोबस्त कैसा है?"

वज़ीर ने बादशाह की ओर चुपके से देखा भर।

"बताओ न वज़ीर! लब पर ख़ामोशी की मुहर क्यों?" बादशाह ने पहलू बदला और वज़ीर के रू-ब-रू हुए, "जो कहना है, बेख़ौफ़ होकर कहो।"

"कहूँ?" वज़ीर ने धीरे से कहा।

"बिलकुल कहो। हमने तुम्हें क्यों भेजा था? इसलिए न कि हमें हर बात से ख़बरदार करते रहो।" उन्होंने जेब में मुट्ठी डालकर कुहनियों को जुंबिश दी, "माफ़िक ख़बर पर हम तुम्हें इनाम भी देंगे, ओहदे में तरक़्क़ी कर देंगे।

"कहूँ? बादशाह सलामत सुन सकेंगे?"

"बिलकुल सुनेंगे। आख़िर इस देरी की कोई वजह भी है या यूँ ही..."

वज़ीर की चुप्पी बादशाह के भीतर बेसब्री पैदा कर रही थी, "हम यही तो जानना चाहते हैं कि रिआया का हमारे बारे में कितना दुरुस्त ख़याल है।"

"रिआया कहती है कि...कि..." वज़ीर ने अटकते हुए कहना तो चाहा, लेकिन उसकी आवाज़ गले में घुटकर रह गई, "रहने दें आपमें सुनने का माद्दा नहीं है।"

"रिआया हमारे बारे में आख़िर ऐसा क्या कहती है कि तुम हकलाने लगे हो?" बादशाह चिढ़कर बोले, "झटपट कह डालो...जो कहना चाहते हो। हमें किसी काम में देरी पसन्द नहीं है।"

"तो सुन ही लें, जहाँपनाह!...क़ता, कलाम।" वज़ीर ने एकबारगी कहना शुरू किया, "रिआया कहती है कि यह बादशाह बड़ा चुग़द है, कि इसने धोखे और ज़ोर-ज़बरदस्ती से तख़्त अख़्तियार किया है, इसे वहाँ से हट जाना चाहिए। फ़ौरन से पेश्तर।" वज़ीर को कहने में थोड़ी-सी मुहलत लगी होगी।

"आँ ाँ ाँ!" बादशाह तो सकते में आ गए। वह ग़ुस्से में बोले, "क़ैद कर लो इस नामुराद ग़द्दार को। यह तंगदिल वज़ीर हमें हटाकर ख़ुद ताजदार बनना चाहता है।" बादशाह ने कुछ देर तक इधर-उधर देखा, सिपाहियों का इन्तज़ार कर रहे हों जैसे। वहाँ लेकिन था कौन?

"कोई नहीं आया? कहाँ मर गए सबके सब?" बादशाह ने आगे बढ़कर वज़ीर के कान ख़ुद पकड़ लिये और पूछने लगे, "अवाम ने ऐसा क्यों कहा हमारे बारे में?" और कानों को कसकर खींचने लगे, "अगरचे किसी सिरफिरे ने ऐसा कहा भी तो उसको सज़ा देने के बदले तुमने हमें क्यों सुनाया? हमारे बारे में ऐसा हरगिज़ नहीं कहा जा सकता। ख़ुद को तख़्त पर देखने के लिए ये सारे हथकंडे तुम्हारे हैं। हमारे ख़िलाफ़ अफ़वाहें फैलाकर तुम ताज की हतक कर रहे हो, न कि सिर्फ़ इतना, तुम पूरे मुल्क के साथ ग़द्दारी कर रहे हो।"

"ताज की हतक मुल्क के साथ ग़द्दारी नहीं होती, जहाँपनाह! मुल्क बेहद पाक चीज है। ताज की हतक हुक्काम की ख़ुद की काली करतूतों से हो जाती है।" वज़ीर ने पूरे जोश में कहा, "अवाम को मालूम हो चुका है कि बादशाह के अपनी अक़्ल तो है नहीं, चुनाँचे वो चापलूसों के बल पर चलते हैं।"

बादशाह की आँखें फट पड़ीं। चेहरे पर ख़ौफ़नाक तेवर उठने लगे। इस बार उन्होंने वज़ीर की गर्दन पकड़ ली और दबाने लगे, "अगर तुमने कहने वाले की गर्दन नाप ली होती तो आज हमारी नज़रों में कितना ऊँचा उठ गए होते।"

मारे दर्द के वज़ीर अनीक़ा की असली सूरत में आया। वह खाँसने लगी थी। आँखों में आँसू छलक आए थे। वह गिड़गिड़ाने लगी, "भै-भैया, यह क-क्या कर रहे हो? जल्दी छोड़ो...मरी मैं।" उसने शरजिल की बाँहें भींच लीं।

शरजिल तो जैसे गुम हो गया था। उसके अपने वजूद पर बादशाह का रंग ग़ालिब हो चला था। उसका ग़ुस्सा कम होने की बजाय बढ़ता ही गया। उसने अनीक़ा की एक न सुनी। हाथों का शिकंजा कसता चला गया।

गर्दन में नाख़ून धँसने लगे तो अनीक़ा ने अपना बचा-खुचा ज़ोर लगाया और किसी तरह उसकी गिरफ़्त से निकल भागी। बादशाह का बब्बर चेहरा क़ातिलाना हो उठा था। अनीक़ा सामना न कर सकी उन खौलती नज़रों का। वह डरकर भागी। भागने की हड़बड़ी में मेज़ से टकराई। तख़्त थोड़ी देर के लिए हिल गया। बादशाह उसे पकड़ने के लिए लपके। वह कन्नी काटकर बेंत वाली कुर्सी के नीचे घुस गई। वह समझ नहीं पा रही थी कि अच्छा-ख़ासा ड्रामा खेलते भाई को हो क्या गया है?

कुर्सी के नीचे झुककर शरजिल...नहीं...बादशाह ने उसे कसकर लात मारी। वह सुबकने लगी। कुर्सी के नुकीले पाए में उसकी पसली टकरा गई, लेकिन बादशाह बने शरजिल पर असर न हुआ। अनीक़ा ने शरजिल को बादशाहत के जज़्बे से बेअसर करने की कोशिश की, "दिस इज़ अ सिंपल ड्रामा, शरजिल। एक मज़ाक़ है...डोंट टेक इट सीरियसली।"

"बादशाह से मज़ाक़ करने की हिमाकत?" बादशाह नाक चढ़ाकर बोले, "तब तो और सख़्त सज़ा मिलेगी।" उन्होंने अनीक़ा पर कुर्सी उलट देनी चाही।

उसने एक और तरीक़ा आज़माया। "देखो यह खेल है, शरजिल। मेरे भाई! न हो तो तमगा तुम्हीं रख लो। क़बूल करती हूँ कि तुम्हारा रोल मुझसे अच्छा हुआ है। अब तो जान बख़्शो।"

"तमगा?" वह ख़ौफ़नाक ढंग से मुस्कराया, "हमें तमगा दोगे? एक बादशाह को उसका वज़ीर तमगा बाँटे।"

अनीक़ा को ज़रा मौक़ा मिला, वह सहन की तरफ़ भागी। वह भी पीछे दौड़ा। वह अम्मी के कमरे में चली गई। लेकिन वह नदारद थीं। दौड़ते हुए वह अब्बू के कमरे की ओर गई। दरवाज़ा बन्द था। मगर भीतर चूड़ियों की खनक सुनाई पड़ रही थी। चलो अच्छा हुआ। अम्मी-अब्बू एक साथ मिल गए। शरजिल की करतूत दोनों अपनी आँखों से देख लें। उसने दरवाज़े पर दस्तक दी। चूड़ियों की खनक यकायक थम गई और पैरों की आहट दरवाज़े के क़रीब आने लगी मगर फिर उसे कोई ज़बरदस्ती घसीट ले गया हो जैसे। अब तो तेज़ी से ली जाती निंदाती साँसों की महज़ घरघराहट सुनाई पड़ने लगी। फ़िक्र के लम्हे तेज़ी से रुख़सत होने लगे, लेकिन दरवाज़ा खुलने के

आसार नज़र नहीं आए। तब तक गलियारे में शरजिल नमूदार हुआ। अनीक़ा ने इस बार आवाज़ देते हुए दस्तक तेज़ कर दी। उनींदे-से अब्बू ने फ़क़त शोर सुनकर झिड़की दे डाली, "ख़लल मत दो...जाओ, बैठक में ही खेलो।"

खेल? यहाँ जान पर आफ़त आई हुई है और अब्बू को खेल सूझ रहा है—अनीक़ा ने सोचा। उसने हिम्मत बटोरते हुए पीछे मुड़कर देखा। गलियारे में खड़ा बादशाह हौले-हौले मुस्कराते हुए किसी मस्त बाज़ की तरह ख़ेज़ ले रहा था। अनीक़ा को इतना होश न रहा कि बाहर से ही चिल्लाकर अब्बू को इस ख़तरे से वाक़िफ़ करा दे, क्योंकि उस घर में चीख़ना मना जो था।

वह बुरी तरह डर गई। पसलियों की टीस बेतरह बढ़ आई। गर्दन में ख़लिश होने लगी। उँगलियों से छूकर देखा तो नाख़ून लग जाने से मांस नुच गया था और ख़ून छलछला आया था। अब किधर भागा जाए? उसने मकान के दूसरे कमरे की ओर देखा...अमूमन हर दरवाज़ा बन्द था, कुंडियों से पीतल के मोटे-मोटे ताले झूल रहे थे, सिर्फ़ किचन खुला हुआ था। वह तेज़ी से दौड़ते हुए किचन में घुसने ही वाली थी कि शरजिल ने धक्का दिया और अन्दर दाख़िल हो गया। वह इधर-उधर देखने लगा। उपरले ताक पर चाक़ू चमक रहा था...गोश्त से क़ीमा बनाने वाला चाक़ू। झट उसने उतार ही तो लिया, वह भागकर फिर बैठक में ही चली गई...शरजिल चाक़ू लिये आगे बढ़ रहा था।

"तुम तो मेरे भैया हो।" अनीक़ा ने आख़िरी फ़रियाद की।

"चुप बदतमीज़! बादशाह की नज़र में कोई भाई-बहन नहीं होता। वो महज़ बादशाह होता है, उसकी शान में जो गुस्ताख़ी करेगा उसे ऐसी सज़ा मिलेगी कि ताज़िन्दगी वो सर नहीं उठा सके।"

शरजिल के हाथ में धारदार चाक़ू साँप की गर्दन की तरह हिल रहा था। अनीक़ा पीछे खिसकती गई और अब पीठ पर दीवार रास्ता रोके खड़ी थी, सामने दरवाज़े पर शरजिल।

अनीक़ा चीख़ी...हलाक होती हुई गर्दन की पहली-पहली चीख़। अब्बू नहीं सुनते तो पड़ोसी सुन लें। पड़ोसियों ने ज़रूर सुनी होगी वह चीख़, मगर किसी के घर के अन्दरूनी मामलों में वे क्यों दख़लंदाज़ी करें।

अम्मी हैं, अब्बू हैं, पड़ोसी हैं, दरख़्त के साये में खेलते बच्चे हैं, मगर इस वक़्त उसके लिए कोई नहीं, फ़क़त एक बेकस रिआया और एक बेरहम तानाशाह का सामना है। दोपहरी अपने शबाब पर है...पता नहीं इस शबाब को ढकने के लिए या और नुमाया करने के लिए उसने अपने चारों ओर जैसे एक सुकूत का पर्दा खींच दिया है। दूर-दूर तक एक ख़ला पसरता हुआ। ऐसा वीराना कि अगर कोई प्यासा चिल्लाते हुए मर जाए तो भी कोई सुनने वाला नहीं, मोटर-लारी किसी को कुचल दे तो कोई शिनाख़्त करने वाला नहीं। आसपास के लोग घोड़े बेचकर यूँ सोये हुए हैं कि जब तक उनके कानों के ऐन नज़दीक बम का धमाका न हो, तब तक शायद किसी की आँख न खुले, दोपहरी के आलम ने सबकी ताक़त ताक़ कर दी है।

अनीक़ा परेशान होकर बोली, "एक बादशाह हो तो क्या तुम ख़ामियों-ख़ूबियों सबसे परे हो।"

"ज़ाहिर है, बादशाह तमाम ऐसे इलज़ामों से परे होता है।"

"तुम्हारी ग़लतियों पर, गुनाहों पर रिआया उँगली तक नहीं उठा सकती?"

"नहीं, बादशाह से कोई गुनाह नहीं हो सकता।" शरजिल संजीदगी से बोला, "अब तुम्हारे साथ एक बाग़ी की तरह सलूक किया जाएगा।"

"फिर ऐसे बादशाह पर थू:!" अनीक़ा ने नफ़रत से थूका, उसके हरेक मसाम से नफ़रत के झाग निकल रहे हों, जैसे।

"नाचीज, अभी बताता हूँ!" शदीद ग़ुस्से में शरजिल एक पागल भैंसे-सा डकराता उसके पीछे दौड़ा। वह भाग चली...आँगन में...आँगन से गलियारा, गलियारे से कमरा, कमरे से दूसरा कमरा, मगर बन्द दरवाज़े, लटकते ताले... फिर आँगन। वे गुरिल्ला जंग कर रहे थे। यह एक बाग़ी रिआया और उसके मग़रूर बादशाह के बीच जंग थी। बादशाह के हाथ में ताक़त थी और रिआया निहत्थी।

भागते-भागते अनीक़ा को एक तरकीब सूझी। उसने झट से आगे बढ़कर नाबदान के पास पड़ी झाड़ू उठा ली। भला झाड़ू और चाक़ू का क्या मुक़ाबला? लेकिन अभी तो बचना था और जो हाथ में आ जाए वही अपना हथियार है। वह झाड़ू को बन्दूक़ की तरह ताने बैठक की ओर सरकती गई। शरजिल

चाक़ू उठाए उसकी ओर बढ़ता रहा। मेज़ के उस पार से अनीक़ा ने हाथों को तोला और झाड़ू ज़ोरों से शरजिल की ओर उछाल दी। वह उसमें उलझकर ज़ोरों से जा गिरा। एक हल्के धमाके का नज़ारा था वह। मेज़ धड़ाम से उलट गई थी और तख़्त के सारे असबाब बिखर गए थे। किसी बड़ी छिपकली की तरह शरजिल पट जा गिरा था, उससे आगे उसके दो तुरन्त के टूटे हुए दाँत, उसके आगे उसकी पग्गड़ और उसके आगे उसके हाथ से छिटका हुआ चाक़ू।

उसके आलमें-ख़याल का शीराज़ा बिखर चुका था।

इस हादसे के कयास में एक-एक कर सभी आ गए, जो अब तक नींद के आगोश में थे, अपनी ही दुनिया के सुरूर में मशगूल—अम्मी, अब्बू। दोनों ने दोनों को देखा। शरजिल लुटी-पिटी बादशाहत की उसी हालत में पड़ा हुआ था। सामने थी अनीक़ा...कन्धे तक ख़ून रिसता हुआ, चिथड़ा पहने फ़क़ीर ख़ामोश था।

"अरे, यह क्या हुआ?" घबराकर एक साथ पूछा अम्मी-अब्बू ने।

"मैं इसके सिवा कर भी क्या सकती थी, आख़िर!" जवाब था अनीक़ा का।

अम्मी शरजिल को खड़ा करने लगीं। अब्बू ने मेज़ सीधी की तो बादशाह की ताज़ा पेंटिंग फ़र्श पर ग़र्द फाँकती नज़र आई।

[जनवरी, '89 में 'वर्तमान साहित्य' में प्रकाशित]

कॉमरेड का कोट

ओसारे से बाहर सिर निकालते ही माघ का तुषार बबूल के काँटे की तरह बरसा। कमलाकान्त उपाध्याय के जोड़-जोड़ में सिहरन भर गई। उनके दाँत ज़ोरों से रपटने लगे। वह भीतर लौट आए और आलने पर के पुराने कपड़े उलटने-पुलटने लगे। पत्नी पास ही खड़ी थी। सूनी-सूखी आँख उठाकर उनकी तलाश को भाँपते हुए। कमलाकान्त ने पुराने कपड़ों का गट्ठर छान मारा, लेकिन चादर न मिली।

"का खोज रहे हैं?" उनकी उठापटक से पत्नी परेशान होकर बोली।

"चदरिया नहीं मिल रही है?" उनके उत्तर में प्रश्न भी शामिल था। परेशान होकर वह बिखरे कपड़ों को फिर उसी जगह रखने लगे, "पहले सोचा कि ऐसे ही निकल जाऊँ, लेकिन बाहर पाला झनझना रहा है।"

"मिलेगी कहाँ से!" पत्नी बुदबुदायी, "बबुआ को अपने तऽ ओढ़ा आए हैं।

हारकर वह बेटे के पास चले गए। उसके लिलार पर हाथ रखा। वह प्रतिक्रियाहीन पड़ा रहा। निश्चेष्ट। लगभग एक घंटा पहले वह बेटे के पास ही बैठे थे। जब सरसाम की-सी हालत में उसका बड़बड़ाना तेज़ हो गया था। तेज़ बुख़ार में कँपकँपाहट के साथ जुड़ी ऐसे चढ़ी आ रही थी, जैसे बाढ़ का पानी। एकमात्र कम्बल को खींच-खाँचकर उन्होंने उसकी थर्राहट कम करने का प्रयत्न किया था, लेकिन रेशा-रेशा घिस चुके बूढ़े कम्बल को जैसे ख़ुद किसी ओढ़ने की ज़रूरत थी। कमलाकान्त ने वही किया था...अपनी चादर

उतारकर कम्बल पर साट दी थी। इसके बाद भी उसका काँपना बन्द न हुआ था। बाप का ममत्व...उनमें एक इच्छा जगी कि वह अँगीठी में बदल जाते तो सुलग-सुलगकर बेटे को गर्मी पहुँचा देते...लेकिन अँगीठी तो दिल में जलती है, जलती क्या, धुँधुआती है और शायद ही उसने ख़ुद को भी राहत पहुँचती हो। उन्होंने तख़त पर बिछी कथरी को भी बेटे पर फैला दिया था...और बेटा अभी बेहोश-सा पड़ा था। उन्होंने किसी जेबकतरे की तरह बड़ी सावधानी से उसकी देह से चादर खींचना शुरू किया। पत्नी उनके काम को ऐसे देखती रही, जैसे कोई खलखींचवा मुर्दार पशु की देह की आख़िर खाल उतार रहा हो, पत्नी से आँखें टकराईं तो अपनी ही नज़र में ओछे बन गए जैसे। पल-भर के लिए उनका हाथ सुन्न-सा हो गया और ख़ुश्क आँखें सफ़ाई-सी देती मालूम पड़ीं; क्या करूँ? बाहर जाना नितान्त आवश्यक न होता; तो भला कौन बाप यूँ बज्जर करेजी बने? हालाँकि पत्नी कुछ बोल नहीं रही थी...बुत बनी उनको निहारने के सिवाय...उसकी आँखों में वही सूनापन था, जो हर वक़्त रहता है। न कोई उलाहना, न कोई उमंग...एक तटस्थ-सा समझौते का भाव।

सामना न कर सके वह। कमलाकान्त से ठहरा न गया, चादर उठाई और उसमें अपने को छुपाते हुए लम्बे-लम्बे डग भरने लगे। ज़िद्दी ठंड थी कि मच्छरों की तरह उनकी देह के नंगे हिस्सों पर डंक चुभो ही देती थी। लत्ते-सी हो चली इस चादर को बदलने का ख़याल उन्हें फिर हुआ, लेकिन क्या-क्या बदलें वह? हालत तो ऐसी है कि आगे ढको तो पीछे उघाड़। वह हथेलियाँ घिसते हुए तेज़-तेज़ चलने लगे, ताकि इसी से गरमाहट बनी रहे।

पिछले दिनों वायुमंडल में अचानक निम्न चाप हो जाने से बूँदाबाँदी हो गई थी। आज मेघ के पूरी तरह खुल जाने से धरती का रहा-सहा लिहाफ़ भी जाता रहा, सो ठंड उग्र हो चली थी। कुहरे की धुंध में वह शीत से थर-थर बढ़े जा रहे थे। गाभिन गाय की तरह माघ की अलसायी रात में समय का अनुमान लगाना बड़ा मुश्किल था। तिथि के मुताबिक अँधरिया कब की बीत जानी चाहिए थी, लेकिन धुँआसी चाँदनी घने कुहरे के सामने धरती को रोशन करने में कितनी बेबस थी।

पल-भर के लिए वह खड़े हो गए और अपने गाँव की ओर रुख़ किया। चारों तरफ़ सोता पड़ गया था। कुत्ते भी नहीं भौंक रहे थे। उनका गाँव गोलाकार

बसा हुआ है। धुंध में डूबा गाँव किसी दैत्याकार पशु के गोबर के चोथ की तरह लग रहा था। गाँव के अमूमन बीच में खड़ी बाबू जगतनरायण सिंह की दोमंज़िली हवेली बड़ी ही वीभत्स लग रही थी। उसका अगवासा ढह चुका था। जैसे किसी जंगली मकना हाथी का निचला जबड़ा तोड़ दिया गया हो और दर्द के मारे वह मुँह फैलाता जाए, ऐंठते हुए। मकान बनवाने के लिए अपशकुन से बचने के लिए लम्बे बाँस से जो सूप, जूता और झाड़ू लटकाए गए थे, उस पर शायद एक उल्लू आकर बैठ गया था। बड़े ही भयावह तरीक़े से उसने तीन आवाज़ें निकालीं, "आऊक...आऊक...ओ ऊ ऊ ऊ क्!" कमलाकान्त ने कानों पर हाथ रख लिया। कर्कशता से बचने के लिए, लेकिन अपशकुन से कहाँ बच पाया कोई? कितने अरमानों से बाबू जगतनारायण ने हवेली को नया रूप देना चाहा था। इसके लिए उन्होंने कितने सही वक़्त का चुनाव किया था। माघ का महीना मालिकों के लिए बड़ा अच्छा होता है। इस समय मज़दूर सस्ते मिलते हैं। हर साल का नियम है; इस दोफ़सली देहात को भादों और माघ महीने में दुर्दिन आ घेरता है। भादों तो ख़ैर बरसात और बाढ़-बूड़े के चलते, लेकिन माघ में फ़सल तो खेतों में लहलहा रही होती है और खेतिहर मज़दूरों को बैठकी का सामना करना पड़ता है। खेतों में काम तो रहता नहीं और रोज़ी-रोज़गार का दूसरा कुछ साधन मिलता नहीं। हाथ पर हाथ रखे भूखों मरने की नौबत आ जाती है। कुछ तो पंजाब-हरियाणे की तरफ़ भाग चलते हैं और जो बाक़ी बचे वे मालिकों से डेढ़ा-सवाई पर अनाज उधार लेते हैं। माघ में एक मन लिया तो चैत में कटनी-दवनी के वक़्त मज़दूरी में से डेढ़ मन कटवा देंगे। भूख से बेहाल हुए मज़दूर उनसे अनाज उधार माँगने गए थे। उन्होंने देना भी चाहा था। ताकि मज़दूर दूसरे प्रान्तों में न भाग जाएँ। लेकिन कुछ चीज़ें बंधक रखकर। मज़दूरों के पास अपनी देह के अलावा बन्धक रखने को था क्या! उन लोगों ने काम ही देने को कहा। जगतनारायण सिंह कई वर्षों से मन बनाते आ रहे थे, हवेली के पुराने ढंग के अगवासे को तोड़कर नई डिज़ाइन देने का। नए ढंग के "बैठका" में एयरकूलर भी लगाने का विचार था। पिछला हिस्सा यानी रिहायसी कमरे या 'जनानाकित्ता' उसी पुराने ढंग का रहता। चोरी-डकैती से वे कमरे सुरक्षित थे, क्योंकि उनमें जँगले

नहीं थे। मज़दूरों ने दो-तीन दिन काम करके उन हिस्सों को ढाह दिया। अब वे उनसे सरकार की तयशुदा मज़दूरी की माँग करने लगे। बाबू जगतनारायण को लगा कि यदि एक बार उन लोगों को चोखी मज़दूरी का स्वाद लग गया तो खेती के काम में भी वही दर माँगने लगेंगे। तत्काल उन्होंने काम बन्द करवाया और दूसरे गाँव से मज़दूर बुलवा लाए। 'आनगँवई' और 'निजगँवई' मज़दूरों में हल्की-सी झड़प भी हो गई। लेकिन समझाने-बुझाने से सरकारी रेट पर मिलने वाली मज़दूरी की बात पर 'आनगँवई' मज़दूर भी इनके साथ हो गए। अधखड़ी हवेली बाबू जगतनारायण को हिलते दाँत की तरह दुःख देने लगी...न टूटे, न कुछ ठंडा-गरम ही खाने दे। दोनों तरफ़ से आन चढ़ गई और वह आन कैसी जो चुनौती की सान पर पजकर दुधारी से भी तेज़ न हो उठे?...उल्लू फिर बोला, "ओ ा ा क्-ओ ा ा क्...आऊक्" और डैना पटपटाते हुए उड़ चला। कमलाकान्त को चेत हुआ उल्लू के बोलने पर, वरना न जाने कितनी देर तक हवेली के बारे में ही सोचते रह जाते।

वह अपने गाँव से काफ़ी दूर चले आए थे। अरना भैंसे की तरह गाँव के सीवान पर खड़ा खैरा पीपल इसकी गवाही दे रहा था। इस पीपल से न जाने कितनी किंवदंतियाँ, कितनी स्मृतियाँ जुड़ी हुई हैं। कहते हैं गाँव वाले कि सैकड़ों साल से यह पीपल ऐसे ही खड़ा है। इसके आगे की कितनी पीढ़ियाँ गंगाजी में सिरा गईं, लेकिन यह पीपल अपने तने में एक और कोटर बढ़ाकर ऊपर सरक गया। यह पीपल बनते-बिगड़ते ज़माने का गवाह है। अँगरेज हाकिमों के राज में इसने एक बार आदमी की तरह इजलास में गवाही दी थी...शीतल मिसिर बताते हैं, जिनकी उमर ही अदालत की सीढ़ियों पर मुक़दमे की पैरवी करने में कटी...अभी जो हेमू साह हैं न पंसारी की दुकान वाले, इनके बाप धरीछन साह से एक अहीर ने पाँच मोहर का क़र्ज़ लिया था और वह पच्चीस साल तक नहीं चुका पाया। धरीछन साह ने ललमुँहा हाकिम के पास नालिश कर दी। पेशी हुई तो अहीर कहने लगा, "माई किरिये, बाप किरिये, चाहें तो गुरु किरिया खिया लें होजूर! हमारी फूटली कौड़ी की औकाद नहीं तो मोहर का करज काहे वास्ते लेंगे?" हाकिम ने गवाह लाने का हुकुम दिया। धरीछन साह सकपकाए। उन्होंने अकेले में मोहर दिया था। क्या बोलें? कपार

पीटने लगे, "सरकार उहाँ आदमी तो कोई नहीं था। हाँ, एगो पीपर के फेंड़ के नीचे करज दिया था।" हाकिम बोला, "उसी को लाव...डव्रीचन शाव!" वह सुबकने लगे, "हतना बड़का फेंड़ कइसे आवेगा होजूर? जदी आवेगा तो कइसे सुनावेगा होजूर?" "अम गोवाह माँगटा।" हाकिम ने टेबुल पर काठ की छुटकी हथौड़ी ठोकी, "अम जो हुकुम डेटा, उसको बजा लाव...डव्रीचन शाव!" धरीछन साह महाकंजूस थे। सिर धुनते चले कि पाँच मोहर गया सो गया, अब रुपया-दो रुपया पेड़ को किसी लकड़हारे से कटवाकर बैलगाड़ी पर लदवाकर इजलास में ले जाने में लगेगा। एक और बात पर वह दुखी थे, "अदालत की हतीमूटी दुआरी में हतना बड़ा फेंड़ कइसे ढुकेगा?" एक घंटा बीता तो हाकिम ने पेशकार से पूछा, "डव्रीचन शाव आया?" पेशकार बोला, "नहीं।" दूसरा घंटा बीता तो हाकिम ने पूछा, "इटना बखट में नहीं आया?" अहीर वहीं बैठा मन-ही-मन सोच रहा था कि यह हाकिम भी कैसा उजबक निकला। जइसन ऊद ओइसन भान, इनकी पूँछ ना उनका कान। वह ख़ुश होकर बोला, "अभी कइसे आवेगा होजूर! ऊ फेंड़ इहाँ से बारह कोस दूर है।" "अँगरेज ससुरे हक बात पता लगाने में ओस्ताद थे तभी तो बाघ-बकरी को एके घाट पर पानी पियवाते थे, तभी तो उनके राज में सुरूज कभी डूबते नहीं थे।" बताते हैं शीतल मिसिर। "बस, हाकिम ने पकड़ लिया उसका गट्टा और लगा डाँटने। अहीर भूतखेलौनी लुगाई की तरह सब कुछ बकने लगा। फिर तो हाकिम ने सिपाही से घोड़ा दौड़ा के धरीछन साह को वापस बुलवाया और अहीर से पाँच मोहर के बदले दस मोहर हगवा लिया।"

...और पीपल की इसी विशेषता का गुणगान आज तक बच्चे करते आ रहे हैं, हर पीढ़ी के बच्चे :

चाक डोले चकबम-बम डोले,
खैरा पीपर कभी ना डोले।
काना रे कंडील-डील, पीपर तर हमार बिल
साँप बोले चें-चें, कबूतर माँगे दाना,
दूर सारा काना तोरे अतना बहाना।

कमलाकान्त ने भी इस विरासती क़सीदे को सैकड़ों बार गाया होगा। इसी पीपल का डर दिखाकर उनकी माँ उन्हें बकरी का दूध पिलाया करती थी। लेकिन अब बचपने की नासमझी कहकर इसे उड़ा देने के बावजूद वह पीपल के पेड़ की ओर बढ़ने लगे। न जाने किस अनैच्छिक खिंचाव से। तनिक दूर रह जाने पर वह चौंक-से पड़े...पीपल के तने से सटे हुए चार-पाँच घुटे हुए सिर नज़र आ रहे थे। उनकी ठुड्डियों से लार बह रहा था। कमलाकान्त एकदम से सावधान की मुद्रा में आ गए। अचानक उन्हें पदचाप-सी सुनाई पड़ी। पीछे की तरफ़। वह मुड़ गए। कुछ न था। फिर दाहिनी ओर किसी के एक बार चलने की आवाज़ मिली। वह फ़ुर्ती से घूम गए। वहाँ भी कुछ न था। उनके रोंगटे खड़े हो गए...तो क्या भूतों की 'जोनी' सच निकली? अब तक इन बातों पर यक़ीन न था कमलाकान्त को। लेकिन उनके चारों मृत साथी आज साक्षात् भूत बनकर उनसे तरपण माँग रहे थे। गाँव वाले कहते भी हैं कि पीपल के नीचे भूतों का डेरा है और वे अमावस-के-अमावस वहाँ कबड्डी खेलते हैं। विरत रात को। लेकिन आज तो अमावस नहीं है। कहीं हत्यारे ही तो भूत का भेष धारे नहीं आ गए? कुछ भी हो—उन्हें लगा कि अगली सुबह बाट-बटोहियों को उनकी गला घोंटी हुई, रकत चूसी हुई लाश ही मिलेगी। बाल-बच्चे बिलख-बिलखकर पूछते ही रह जाएँगे कि वह यहाँ क्यों आए थे। उन्हें कोई बताने वाला न रहेगा कि कैसे काल ने उन्हें अशक्त कर दिया था। न चाहते हुए भी वह उधर खिंचते गए थे। अनायास, और सचमुच वह अपने को लाचार महसूस करने लगे। होनी होय सो होय रे मनवा, अब तो भागत ना बने। उनकी सारी शक्ति आँखों में निचुड़ आई।

उनकी खिसियानी-सी हँसी निकल गई। "दुत्त तेरी की..." हमेशा शिष्ट-शालीन व्यवहार के हिमायती कमलाकान्त सच्चाई जान लेने के बाद आत्मनियंत्रण खो बैठे और इस निभृत एकान्त में भी मुँह से गाली निकल गई। भरम के भूत का निराकरण हो गया। ऊपर की जमी शीत निचले पत्तों पर टप-टप चू रही थी...तने से चार-पाँच घंट लटक रहे थे और उनके छिदे पेंदे में ठुँसी कपास की बाती से पानी रिस रहा था।

इसे भरम का भूत भी कैसे कहें? मात्र पखवारे भर पहले जिस घड़ी चार मज़दूरों को मारकर इसी पीपल की डाल पर उन्हें उलटा लटकाया गया था,

उसके पहले तो—निपट देहाती से जैसे भावुक कवि बन गए कमलाकान्त—उसके पहले तो इन चारों की ज़िन्दा हक़ीक़तें थीं। राग की, आग की, आशा की, जिजीविषा की धड़कनें थीं...वह आस-उम्मीदों भरा गतिमान वर्तमान अब जड़ भूत बना दिया गया है। क्या सचमुच?

पीपल की निचली डाल से एक बित्ते भर लम्बा चमगादड़ आ लटका। पैरों के बल उलटा लटककर कलाबाज़ियाँ खाते हुए वह 'चिंक्-चिंक्' कर रहा था। तो क्या उन्हें भी इसी तरह उलटा लटकाया गया होगा? उनकी आँखें पीड़ा से, मृत्यु की भीति से कैसे निकल-निकल पड़ रही होंगी। पीपल ने एक-एक वाक़या देखा होगा। इसकी कोटर-कोटर आँखें निकल आई होंगी और पत्ते-पत्ते कान...दोनों तरफ़ से आन किसी आग-सिंकी डुग्गी की तरह तनी हुई थी; रत्ती भर की एक घुँघची (गुँजा) भी गिरे तो टन्न से बोले। ऐसे में जगतनारायण के लठैतों ने मज़दूरों के एक मेठ को बुरी तरह पीट दिया। अनखन खोजा गया कि वह हटिया से ताड़ी पीकर लौट रहा था और बड़कऊ लोगों को गाली दे रहा था। मज़दूरों को न अनाज उधार मिला, न निरापद काम और न चोखी मज़ूरी, लेकिन इतना ज़रूर हुआ कि इस पिटाई के बाद उनका मटिआया कलेजा भूख की आँच में तपकर ईंट बन गया। अब तो उनकी नाकेबन्दी की जाने लगी। किसी भी भूमिहीन खेतिहर मज़दूर के खेत-खलिहान में जाने पर पाबन्दी लग गई। यहाँ तक कि कोई बड़कऊ के बाग़-बगइचा से खरिका-दातौन भी न तोड़ पाए। एक आम ग़ैरमज़रुआ जंगल था 'कुकुरबनवा', जहाँ गाँव भर के मवेशी चरा करते थे। वहाँ भी जाने से रोका जाने लगा। मज़दूरों के पास अपनी जीवन-रक्षा का एक भी अवलम्ब न रहा। रात-बिरात वे खेतों में से चोरी-छुपे कुछ उखाड़ लाने लगे। गाभिन गैया से कोई दूध निकाले तो माघ में खेतों से अन्न भी पा ले। फ़सल तो अभी गदरा ही रही थी...चने के साग और मटर का गादा मिल सकते थे। सँपेलवा को भी मारो तो मरते-मरते भी उसकी चेष्टा एक बार डस लेने की होती है। मज़दूर भी मरण-दंश देने पर उतारू हो गए। गुपचुप तय हुआ कि जगतनारायण के ग़ैरक़ानूनी मिल्कियत वाले खेतों पर धावा बोला जाए। इसके सिवा अब कोई दूसरा चारा नहीं। पीपल के पेड़ से सटे ही आठ दूनी सोलह यानी दो बैलगाड़ियों के आने-जाने लायक सोलह

हाथ चौड़ी एक डगर निकलती थी। डगर की बाईं ओर इन लोगों का अपना गाँव 'बलुआ' था और दाईं ओर 'पीपरपांती' गाँव था। एक तरह से दोनों गाँवों के बीच सीमा-रेखा भी थी यह डगर। लेकिन जगतनारायण की ज़मीन की भूख ऐसी बढ़ी कि उन्होंने इन्हीं मज़दूरों से उस डगर को तुड़वाकर खेत बनवा लिया। मज़दूरों की राय से चलें तो इन खेतों पर सरकार का हक़ बनता है और मेहनत भी इन्हीं की लगी हुई है। कुछ ऐसा ही तर्क ढूँढ़कर वे एक रात उस खेत से कुछ मटर उखाड़ लाए। एक दिन बीच डालकर यानी तीसरी रात को भी मज़दूर मटर उखाड़ ही रहे थे, तब तक पीपल के नीचे टुटही जोन्ही (उल्का) जैसा कुछ कौंधा और तड़ातड़ गोलियाँ चलने लगीं। जिधर सींग समाया, उधर ही मज़दूर खेतों को रौंदते हुए भाग चले...छिन गया यह भी निवाला। तब तक चार लोगों को गोली लग चुकी थी। भागे मज़दूरों का कहना है कि उस वक़्त उनमें जान बाक़ी थी, लेकिन हमलावरों ने उन चारों आहतों को पकड़ लिया। उन्हें नंगा किया और उन्हीं की धोती से पैर बाँधकर डाल से उलटा लटका दिया। और तब तक मारते रहे जब तक उनके प्राण-पखेरू न उड़ गए। बाद में मूँड़ी काटकर लेते गए। यह सबक़ था आइंदे से विरोध करने वालों के नाम...सचमुच कोटर-कोटर आँखें निकल आई थीं पीपल की और पत्ते-पत्ते कान। बड़े ही निर्लिप्त भाव से गवाही दिए जा रहा था खैरा पीपल। देर से खड़ी मानुस-मूरत को देख उलटे लटके चमगादड़ की आँखों में शिकार का भ्रम हुआ। वह तेज़ी से झपटा उनके चेहरे की ओर। कमलाकान्त ने जंप मारकर बचा लिया ख़ुद को। उन्होंने तटस्थ-सा खेतों की ओर देखा। कच्ची-अधपकी छीमियाँ गंजे होते सिर पर बच रहे बालों के गुच्छे की तरह टापा-टुँआ दीख रही थीं। उनके जबड़े भिंच गए और आँखों में जुगनू कौंधने लगे। धीरे-धीरे उनकी मुट्ठी बँधी और दाहिना हाथ भूख के मोरचे पर क़ुरबान चढ़े शहीदों को लाल सलाम देने के लिए ख़ुद-ब-ख़ुद कन्धे से ऊपर उठता गया। उनके लिए तो जाड़ा अब न जाने कांचनजंगा के किस कँगूरे पर जा भगा था।

जल्दी-जल्दी चलते हुए वह बलुआ हाई स्कूल के मैदान में पहुँचे। जहाँ मद्धिम जादव साइकिल का एक पुराना टायर जलाकर आग तापते हुए उन्हीं का इन्तज़ार कर रहे थे।

"मुझे लगा कि अगियाबैताल यहाँ भी आ गया और लपटें फुफकार रहा है।" वह उनके सामने खड़े हो गए। "और ई साला प्लास्टिक का जूता..." कमलाकान्त ने जूते से पाँव निकाला और आग की ओर बढ़ा दिए।

मद्धिम जादव कुछ और पत्ते झोंकते हुए बोले, "माघ ऐसा मकरा रहा है कि ससुरा हाड़-हाड़ हिला जाता है।" पत्ते शीत से सील गए थे। धुआँ होने लगा तो मद्धिम ने टायर खिसका लिया।

"यही तो सवा महीना का मकरचिल्ला है।" कमलाकान्त ख़ुद को लपट की ज़द में लेते हुए बोले।

"हाँ, मसल है कि धनु की पनरह मकर पच्चीस, चिल्ला जाड़ा दिन चालीस।" मद्धिम जादव सिसकारने लगे, "आप बहुत बिलम गए। तभी से आपकी आवाई ताक रहा हूँ।"

"सूचना ही लेट से मिली। वह भी रामगोबिन मास्टर ने भूइलोटन के मार्फ़त ख़बर भिजवाई। आज सुबह भी उनसे मुलाक़ात हुई थी, लेकिन 'हाँ-हूँ' कुछ नहीं बोले।" कमलाकान्त परेशान दिखने लगे। सेंक से अँगुलियाँ कुछ ढीली हो चली थीं। वह गाँठ चटखाने लगे।

"हमको भी भूइलोटन भाई ने एकदम गरदबेरे (गोधूली) में बताया, हमें पता था कि आप इधर से आएँगे ही, सो यहीं बैठ गया।"

"देरी का एक कारण और है। पीपल के पास से गुज़रा तो थथमा लग गया।" कमलाकान्त ने कहकर मद्धिम को थथमा दिया जैसे।

"मत कहिए कामरेड, उसकी याद से छाती फटने लगती है।" मद्धिम जादव ने उस दुखद प्रसंग को छोड़े रखने का अनुरोध किया और लगे रामगोबिन मास्टर पर भड़ास निकालने, "मास्टर साहेब ऐसी दरार में हगते हैं कि सूअर को भी बास नहीं मिलती। पता नहीं कैसा चक्कर है?" नासमझी में वह ज़ोर-ज़ोर से मूँड़ी हिलाने लगे, "अबकी मीटिंग का पूरा इन्तजाम रामगोबिन मास्टर के जिम्मे है, जबकि आपने ही राज्य कमेटी तक दौड़-धूप की थी कि वे लोग आकर यहाँ का हाल देख लें।"

देरी के एक और कारण को छुपा गए कमलाकान्त। टायर ने चारों ओर से आग पकड़ ली थी...छल्ले की शक्ल में जलती हुई आग ज़मीन से ऊपर

उठने लगी। अब वह कमलाकान्त के सिर के चारों ओर अधर में जलने लगी, चाँद के प्रभामंडल की तरह या परीक्षा के लिए तैयार अनलचक्र की तरह। सिर को झटका दिया कमलाकान्त ने, "चला भी जाए। यहीं देर करने में कोई फायदा नहीं।" वह पता नहीं कहाँ से बोल रहे थे...जूड़ी में तपते बच्चे के पास से, पेड़ में लटके किसानों के पास से या पार्टी की उस मीटिंग के स्थान से, जहाँ अभी पहुँचे भी न थे। मन तो भनभनाते ततैया की तरह कभी यहाँ तो कभी वहाँ चक्कर काटे जा रहा था। अस्थिर...बेचैन।

चल पड़े वे। चलते-चलते उनके बीच ठंड पर ही बात होती रही। मद्धिम जादव उदास सूरत बनाकर बोले, "माघ में पानी पड़ गया। लगहर (दुधारू) गायें एकदम चौपट हो जाएँगी।"

"मैनी (नीचे झुके सींग) गैया मनगर दूध दे रही है न?" अगर कोई देखता तो शायद कमलाकान्त का चेहरा उसे फटे दूध की तरह नज़र आता।

मद्धिम जादव एकबारगी दोरसे मौसम के ऊपर बरस पड़े, "देगी कहाँ से! कुकुरबनवा में हमारी गायें चरती थीं। जगतनारायण ने वहाँ भी पहरे खड़े कर दिए। कल बैजू की बछिया कांजी हौस में डाल दी गई है। ऊपर से माघ का पानी...माघ बरसे तीन जाय, गेहूँ-गाय-बिवाय।"

"अरे भाई, मुझे दूध का उठौना चाहिए।" आग अब उनके सीने में गुमड़ आई थी। मुँह में जैसे कसैला धुआँ भर गया हो, बिना उगले अब रहा न जाएगा उनसे। "बेटा बीमारी से बहुत कमज़ोर हो गया है। फल-फूल तो खिला नहीं सकता। दूध भी मिल जाए तो बहुत अच्छा।" कहने के साथ ही कमलाकान्त के अन्दर बिवाई जैसा कुछ चिलका।

हठात् उनके कानों में "चर्र-चर्र, पुट्-पुट्" की आवाज़ आई। जैसे फ़सल का गाभा नोचा जाए। कहीं इन लोगों के बहाने चोर-चाँई हाथ तो नहीं मार रहे हैं? दोनों चौकन्ने हो गए। घने कुहरे के चलते साफ़ कुछ दिखलाई नहीं पड़ता था। सधे क़दमों से वे आहट की ओर बढ़ने लगे। डर भी लग रहा था। हवा के क़तरे-क़तरे तक में क़ातिल घूम रहे हैं। बहुत कोशिश के बाद भी कुछ साफ़ नज़र न आया। फ़क़त एक आभास-सा मिला। कई काली-सफ़ेद छायाएँ एक खेत में क़वायद कर रही थीं। दोनों जने एक-दूसरे से लगभग

सट-से गए। "चर्र-चर्र...पुट्-पुट्...पड़-पड़"...आवाज़ें तेज़ से तेज़तर होने लगीं। बीच-बीच में कुछ कड़कड़ा उठता था। कंकालों की ठठरी बज रही हो जैसे। मद्धिम जादव कहीं से खोजखाज कर ईंट का एक अधपावा उठा लाए और बहुत हिम्मत करके उसे छायाओं की ओर उछाल ही तो दिया। छायाएँ पल-भर को ठिठकीं। उनमें से दो-तीन ने उछाल मारी...जैसे दोनों हाथ और दोनों पाँव के बल माँव बना कोई थिरक रहा हो। मद्धिम काँप गए। काटो तो ख़ून नहीं। उनकी बेवकूफ़ी भरी हिम्मत महँगी पड़ी।

"धत्तेरे की! नीलगाय फसल चर रही हैं।" मद्धिम जादव की जान में जान आई। यदि इस वक़्त खेत का कोई विजूखा भी इनसानी शक्ल में होता तो वे दोनों उससे भिड़ जाते या भाग ही चलते।

"अब हमारा ख़ाली हाथ चलना ठीक नहीं, कॉमरेड!" मद्धिम फुसफुसाए, "न हो तो कोई गुप्ती-कटारी भी रखनी चाहिए। पता नहीं हम कब दबोच लिये जाएँ।"

"अपनी तरफ़ से तैयार तो रहना ही चाहिए।" कमलाकान्त पगडंडी से नीचे उतर आए। "चलो हाँक दिया जाए।" वह चादर को कमर में लपेटते हुए बोले, "नाहक किसी की फ़सल बरबाद होगी।"

"छोड़िए भी। इधर के खेत धड़ाका सिंह के हैं। वह भी जगतनारायण के गुट का है।" मद्धिम जादव नफ़रत से बिदककर बोले, "पापियों की चीज ऐसे ही नष्ट होती है। पुन्नी संचै साधु खाय, पापी संचै दीमक खाय।"

"चीजों को नष्ट होते देना हमारा मक़सद नहीं है, साथी!" सर्द हवा और कमलाकान्त की आवाज़ में कोई फ़र्क़ करना मुश्किल था। हथेलियाँ पीटते हुए वह नीलगायों की ओर बढ़ चले। नीलगायें झुंड बनाकर ही भागती हैं। इसलिए उन्हें हाँकने में कुछ ख़ास दिक़्क़त न हुई। काफ़ी दूर तक खदेड़ने के बाद वे लोग फिर डगर पर आ गए।

आगे अरहर के खेत थे। रास्ता दोनों बाज़ू से तुप-सा गया था। एक लोमड़ी निश्चिंतता से किसी मरे जानवर का सड़ा मांस खा रही थी। इन लोगों ने नाक पर गमछा रख लिया। आदमी को देखते ही लोमड़ी के होश गुम हो गए। 'खेंक-खेंक' करती हुई वह कमलाकान्त के दोनों पैरों की संघ से ही निकल भागी। वह चिहुँककर गिरते-गिरते बचे।

"काटा तो नहीं न?" घबड़ाकर पूछा मद्धिम ने।

"लगता है, ससुरी मूतकर भाग गई।" कमलाकान्त का पैर भीग चला था। उनके तलवे में गुनगुनी सरसराहट-सी महसूस होने लगी। थोड़ी देर में तो पूरा जूता छप-छप बोथ गया। यदि ख़ून की धार है तो दर्द क्यों नहीं हो रहा है? अचकचाकर वह नीचे झुके तो पता चला कि पानी सरसराकर बहे आ रहा है। "लगता है, कहीं से नलकूप का अरघा टूट गया है। नीलगायें इधर आई होंगी...पानी पीने।" अरहर के खेत पार कर लेने पर टूटा अरघा दीख गया। अभी पतली-सी ही दरार पड़ी थी, लेकिन कगार गल रहा था। वह खड़े होकर ग़ौर से देखने लगे।

"अब अरघा की मरम्मत भी करेंगे क्या?" मद्धिम जादव हैरानी में बोले।

कमलाकान्त ने कुछ जवाब नहीं दिया। चुपचाप गीली मिट्टी थोपने लगे अरघे की तोड़ पर। बेचारे मद्धिम जादव भी कगार के ऊपरले सिरे से दो-एक ईंट उखाड़कर सहायता करने लगे। कामचलाऊ ढंग से तोड़ भर दी गई।

सचमुच, इस आदमी को समझना मुश्किल है। कीचड़ सने हाथ धोते हुए मद्धिम सोच रहे थे। कमलाकान्त की इस निस्संगता से उनका दम फूल रहा था। वह गंतव्य की टोह लेने लगे। कल्पना में तनिक दूर अलाव में लपलपाता रामगोबिन मास्टर का दुआर और उस लपलपाहट में काँपती इंसानी आकृतियाँ नज़र आईं। अब तो कमलाकान्त का चेहरा खिल उठना चाहिए—उन्होंने कमलाकान्त की ओर देखा—हाँ, उनका अनुमान सही था। या मद्धिम को कम-से-कम ऐसा ही लगा।

धुन में तो कुछ महसूस न हुआ। काम ख़त्म हो जाने पर उन्हें लगा कि हाथ-पाँव गलकर गिरे जा रहे हैं। "जानता, तो टायरवा में से कुछ बचा लेता।" पिघलते रबर की तरह मद्धिम की आवाज़ निकली, लेकिन तुरन्त जमकर वह होंठों पर चिपक भी गई। जमे शब्दों को जैसे उन्होंने नाख़ून से खुरचा, "पुरनिया लोग ठीक कहते हैं :

माघ मास की बादरी, और कुआरा घाम।
ये दोनों जो कोई सहै, करै पराया काम..."

वक़्त काफ़ी ज़ियान हो चुका था। ठार होते हाथ-पाँव बिना दुलकाए गरमाहट नहीं मिलने को थी...वे दुलकी चाल चलने लगे। अलाव की लपलपाहट आमंत्रण दे रही थी और शायद इसी ने उनके हाथ-पाँव की नसें गर्म कर दीं।

रामगोबिन मास्टर के दुआर पर पहुँचते ही इन्होंने अलाव के पास जगह ले ली।

"आप लोगों की ही राह देखी जा रही थी।" कमलाकान्त के पास चले आए रामगोबिन मास्टर। अब वह मद्धिम जादव को आत्मीय-सी फटकार देने लगे, "का कमरेडवा! खाली मेले ददरी में हाथ चलता है! सुना है, बारह रकम के मसाले डालकर लिट्टी बनाना जानते हो। लेकिन यहाँ तो आग तापने लगे। ऐसे कैसे फरिआएगा? चलो चार्ज सँभालो।"

ईंट जोड़कर बने चूल्हे पर चाय का देग़ रखा हुआ था। एक ओर लिट्टियाँ गढ़ी जा रही थीं। उपले का आड़ा लपलप तैयार हो रहा था। "जरा चाह पी लूँ कामरेड!" मद्धिम लहसकर बोले। जल्दी-जल्दी चाय सुड़ककर और डबल खिल्ली खैनी होंठों तले दाबकर वह आटा हमवार करने लगे। दहकते अंगारे पर वह बेहिचक लिट्टियाँ रखते जा रहे थे, मानो उनका हाथ लोहे का चिमटा हो।

ज़िला कमेटी के सचिव चक्रधर जी कमलाकान्त को एक तरफ़ ले गए और उनके कान में खुसुरफुसुर करने लगे, "कॉमरेड आपकी दौड़-धूप ने रंग लाया। बात बहुत ऊपर तक चली गई है। पोलित ब्यूरो के निर्देश पर बंगाल से दो कामरेड्स आए हुए हैं। एक आइडियालॉग हैं और दूसरे पार्टी के मुखपत्र से सम्बन्धित हैं। इन पर इस घटना के साथ-साथ बिहार की परिस्थितियों के अध्ययन का भार भी सौंपा गया है। वैसे पहले वाले कॉमरेड हैं तो दक्षिण भारत के, लेकिन अरसे से बंगाल में रहते हैं। इन्होंने कुछ दिनों तक मध्य प्रदेश में भी काम किया था, लेकिन अब पार्टी के निर्देश पर पूर्वांचल का कार्य देखने लगे हैं।"

"ये लोग हिन्दी समझ लेंगे?"

कॉमरेड चक्रधर मन-ही-मन मुस्कराए, जैसे कोई आश्चर्यजनक भेद बताने

जा रहे हों, "रक्तध्वज के छद्म नाम से इन्होंने हिन्दी में ही कई किताबें लिखी हैं। हाँ, दूसरे कॉमरेड बता रहे थे कि उन्हें हिन्दी नहीं आती।"

कमलाकान्त को अपरिमित प्रसन्नता हुई, "...तो रक्तध्वज जी यही हैं। अरे, इनकी लिखी पुस्तिकाएँ मैंने पढ़ी हैं और मज़दूरों के बीच इनका पाठ भी किया है। अब तक इन किताबों को मैं हिन्दी अनुवाद समझता था।" वह आह्लादित हो गए, "कितना अच्छा संयोग है। अब बहुत कुछ जानने-समझने को मिलेगा। इनकी एक पुस्तिका 'आख़िरी वक़्त का बिगुल' से मुझे बहुत सहायता मिली है। और इस संकट की स्थिति में हमारे लिए पार्टी की गाइडलाइन बहुत ज़रूरी है।"

"इसीलिए तो आए हैं वे लोग।" चक्रधर जी की आवाज़ धीरे-धीरे गम्भीर होने लगी, "आपको बहुत होशियारी से 'फ़ेस' करना है, कॉमरेड। जाने या अनजाने में कुछ ऐसी बातें हो गई हैं यहाँ, जिस पर आपत्तियाँ उठ सकती हैं।"

"आपत्ति?" कमलाकान्त का देहाती मन चौंका, "लेकिन ऐसा क्या हो गया है?"

"अरे वही..." चक्रधर जी टालमटोल करने लगे, "कुछ नहीं...आप ख़ुद सँभाल लेंगे। असल में आपने अकेले निर्णय ले लिया न। स्वाभाविक है, कुछ क़दम ग़लत भी पड़ जाएँ।"

"ख़ैर, हम अपनी समस्या रखेंगे। निर्णय तो अब पार्टी को ही लेना है।" कमलाकान्त ज़्यादा तूल-तबील में न गए। फिर भी एक हल्की-सी शिकायत की, "कॉमरेड चक्रधर! दूसरे कॉमरेड को हिन्दी नहीं आती तो भोजपुरी या मगही तो आती होगी?"

"अँगरेज़ी जानते हैं, भई!" चक्रधर ने आवाज़ को ज़रा लम्बा खींचा।

"बगैर जनभाषा जाने वह अध्ययन क्या करेंगे?" कमलाकान्त का देहाती फिर से सिर उठाने लगा।

"हम साथ रहेंगे। बीच-बीच में व्याख्या करते चलेंगे।"

"और वही सब लिखा जाएगा मुखपत्र में? हिन्दी नहीं जानते हैं तो मत जानें, लेकिन जिस इलाक़े का अध्ययन करना है वहाँ की कोई बोली तो

जाननी चाहिए। सिर्फ अँगरेज़ी के बल पर हिन्दुस्तान का ठीक-ठीक अध्ययन हो पाएगा, मुझे सन्देह है।" अब कमलाकान्त का देहाती आदतन वाचाल होने लगा।

"यह तो मजबूरी है। पोलित ब्यूरो में इतने बड़े हिन्दी प्रदेशों का एक भी आदमी सदस्य नहीं है, तो क्या वहाँ का नाम रुक गया है? हिन्दुस्तान के आकलन में कोई कमी रह गई है?" चक्रधर जी बोले, "हमारे लिए भाषा कभी आड़े नहीं आनी चाहिए।" उन्होंने इस प्रसंग को यहीं रोक दिया, "मार्क्स जब एशियाई ग्राम समाज पर लिख रहे थे तो क्या यहाँ की भाषाएँ जानते थे?"

"तभी तो उनका विश्लेषण कुछ-कुछ ग़लत रह गया...तमाम सद्भावना के बावजूद...ख़ासकर भारत वाले मामले में, क्योकि उन्हें अँगरेज़ी में उपलब्ध तथ्यों पर निर्भर रहना पड़ा था।"

"क्या कहा? फिर से कहिए तो। मार्क्स का विश्लेषण ग़लत रह गया?" लगा कि चक्रधर जी उनका मुँह नोच लेंगे, "आप मार्क्स को पढ़िए...फिर से पढ़िए।"

"पढ़ता हूँ। मार्क्स हमारी तरह जड़ नहीं थे। वह द्वंद्व को स्वीकार करते थे...और मार्क्सवाद ने मुझे यही सिखाया है कि अपनी-अपनी परिस्थितियों के अनुसार उसका क्रियान्वयन किया जाना चाहिए...लेकिन पोलित ब्यूरो का आकलन तो आजकल स्थितियों को नारों में ढालना सिखला रहा है।"

"आपने भंग-वंग खा लिया है, क्या?" चक्रधर जी तैश में आ गए।

कमलाकान्त बोलना चाहते ही थे कि राज्य सचिव के साथ रक्तध्वज जी आते दिखे। उनको देखकर चक्रधर जी लौटने लगे। कमलाकान्त को यह सारा कुछ अजीब लग रहा था। उन्हें अब एक नई कचोट काटने लगी थी, "कॉमरेड चक्रधर!..."

"क्यों अब क्या हुआ?"

"नहीं माने कि...मीटिंग प्रभावित इलाक़े में ही कहीं करवानी चाहिए थी। हत्या के बाद से वहाँ के लोग बड़े सहमे हुए हैं। साथ ही बैठकर चर्चा होती तो उनका हौसला भी बढ़ता।" अपने मन की सबसे बड़ी भड़ास निकालकर उन्होंने ख़ुद को काफ़ी हल्का महसूस किया।

"वहाँ ख़तरा जो था।" चक्रधर जी ने कुछ इस ढंग से कहा, मानो अनिष्ट आसपास ही मँडरा रहा हो। "सुरक्षा की दृष्टि से प्रभावित इलाक़े से दूर मीटिंग की जा रही है। वैसे वह इलाक़ा आपके प्रभाव क्षेत्र में आता है। जब आप आ गए तो समझें कि सब आ गए।"

कमलाकान्त के चेहरे से अविश्वासी-सा हो जाने का क्षोभ टपकने लगा। राज्य कमेटी के सचिव से तो उन्होंने उसी इलाक़े में मीटिंग करवाने का अनुरोध किया था। उन्हें ऐसा ही आश्वासन मिला था। अपने यहाँ के पीड़ितों को उन्होंने यही बात बताई थी। लेकिन आज की मीटिंग न जाने किसके इशारों पर अफ़रा-तफ़री में होने चली है कि अन्त समय तक इस परिवर्तन के बारे में वह कुछ जान न पाए।

इसी बीच वे लोग बरामदे में पुआल पर बिछी दरी पर आकर बैठ गए थे। कॉमरेड चक्रधर ने परस्पर परिचय करवाया। कॉमरेड रक्तध्वज सबसे एक सच्चे जन-नेता की तरह अहककर मिल रहे थे। उनका व्यक्तित्व बड़ा ही प्रभावशाली था। गहरे ताम्बई रंग का क़द्दावर शरीर, खुली सीपियों की तरह ज्ञानरंजित आँखें, लम्बी दाढ़ी जो भारत की दक्षिणी सीमा की तरह नीचे की ओर क्रमशः नुकीली होती गई थी। ठुड्डी पर से दाढ़ी के सफ़ेद हो रहे बालों का एक गुच्छा यों बढ़ता चला गया था, जैसे काली चट्टानों के बीच फेनिल झरना बहता है। सिर के आधे से अधिक उड़ चुके बाल उनके अनुभव और चिंतन की व्यापकता का परिचय दे रहे थे। उन्होंने एक बहुत ही नज़रखींचू लाल कोट पहन रखा था और कन्धे पर गर्म ऊनी चादर तहिया कर डाल रखी थी।

कॉमरेड आलोक भट्टाचार्य, जो पार्टी के मेन ऑर्गन से सम्बन्धित थे, गोरे, सुन्दर मगर दुबले-पतले शरीर वाले थे। उन्होंने फ्रेंचकट दाढ़ी रखी थी। उन्होंने सिर के बाल इस तरह सँवारा हुआ था, मानो वे नहाते वक़्त भी कभी बिखरते न होंगे। उन्होंने बंगाल हैंडलूम के कुर्ते-पाजामे पर शाल ओढ़ रखी थी।

रामगोबिन मास्टर से अपनी उत्सुकता को रोका न जा सका। वह कोट का झूलता सिरा छूते हुए बोल ही तो पड़े, "कॉमरेड, यह कोट! बड़ी ही उम्दा 'कोआलिटी' का मालूम पड़ता है।"

रक्तध्वज जी ने अपने शरीर को ऊपर से नीचे की ओर देखा। "इदर का नईं है।" किंचित मुस्कराए वह, फिर कुछ देर के लिए उनकी आँखें मुँद गईं और वह विदेहावस्था में चले गए, जैसे कोई साधक गुनिया अपने इष्ट से सम्पर्क साधने के पहले खो-सा जाता है। आहिस्ता-आहिस्ता उनके चेहरे पर एक सुरूर-सा खिला और बोल पड़े वह, "पिचले साल रूस गया ता। वईं उपहार में मिला ता। कजाकिस्तान के गाँउ में अइसा कोट-अ हात से बनाते हैं। उजली बेंड के ऊन से और वनस्पतियों से उस पर लाल रंग-अ चड़ाते हैं। ये देकिए..." उन्होंने कोट उतार दिया और कालर की तरफ़ से उलटकर दिखाने लगे, "लेबल-अ के रूप में दस्तकारी संघम की अउरतों ने पार्टी-ई के निशान को एमब्रॉयडर-अ किया है। अइसा कोट-अ ज़ार के टाइम-अ में किसान अपना लिए बनाते ते। लेकिन बाद में सोवियत काल में बी हस्तकलाओं के संगरक्छन के लिए इसे अउर डेवलप-अ किया गया।"

रक्तध्वज जी काफ़ी ठहर-ठहरकर व्याकरण की दृष्टि से शुद्ध हिन्दी बोल रहे थे। सिवाय कुछ ध्वनियों को छोड़कर जैसे 'भेड़' को 'बेंड', 'झंझट' को 'जंजट' या 'देखिए' को 'देकिए', उनकी 'त' और 'थ' ध्वनियों में इतना सूक्ष्म अन्तर था कि किसी डिक्टाफ़ोन द्वारा भी उसे पकड़ना असम्भव होता।

कोट के नीचे भी उन्होंने स्वेटर पहन रखा था। इसलिए प्राय: सब लोग कोट को उलट-पुलटकर प्रशंसा भाव से देखने लगे।

रक्तध्वज जी उदास-से दिखने लगे और उनकी भाषा में एक अजीब-सी लापरवाही झलकने लगी, "ब्रिटिशों की अउप्निवेशिक लूट-अ ने हमें कईं का नईं रका। हमारे उद्योग-दंदे, लोक कलाएँ, दस्तकारी सबको नष्ट-अ कर दिया उन साम्राज्यवादियों ने। ये कोट-अ क्या है? कउन-कउन-सी चीज नईं बनती तीं हमारे यहाँ। वस्त्र उद्योग तो हमारा बहुत ही उन्नत ता...हमारे ही सूत अउर कपास से इंग्लैंड-अ की मिलें चलती तीं।"...'ट-ड' ध्वनियों पर तो उनकी जीभ का निपात ऐसे होता था, जैसे छापेखाने का प्लेट खट से काग़ज़ पर गिरता है। कमलाकान्त के अन्दर उनकी हिन्दी बोलने की कोशिश पर श्रद्धा उमड़ आई।

आलोक भट्टाचार्य तो और दुखी होकर बोले, "हमारा पूर्बो बांग्ला में बेश भालो-भालो आउर सब माफिक का जिनिश बनता था। आप लोगिन

श्योर शुना होगा ढाका का मलमल का बारा में। एक ठो आंगठी का भीतर से समस्तो कापड़ शॉप का माफ़िक बाइर हो जाता था। जारा ई ठो देखुन ना..." उन्होंने अपनी शाल उतार दी और चमड़े की एक सदरी, जिसे उन्होंने हैंडलूम के कुरते पर पहन रखा था, दिखाने लगे, "पोलैंड से एक टा डेलिगेशन आया था, उई लोगिन इशको हामको प्रेजेंट किया था, परां...तू, हाम जान्ता है हमारा हिन्दुस्तान में इशशे भी दारुन जिनिश गुली बनने शेकता है। बाबा! हामारा इंडिया का माथा कम आछे ना की?" उनके गोरे ललाट पर चिन्ता की काली-काली लकीरें बल खाने लगीं। लेकिन इतनी पेच बतियाने के बाद भी भट्टाचार्य की सदरी किसी का ध्यान खींचने में असमर्थ रही। जूते और चमड़े का कारोबार करने वाले जियावन रैदास ने उसे दो-तीन बार छूकर परखा और वह चमड़े की क़िस्म के बारे में अपनी जानकारी देने लगे, "लगता है ई उदंत (जवान) बाछा के चाम से बना है।"

भूइलोटन गड़ेरिया देख रहे थे कि अभी भी सबके आश्चर्य का केन्द्र लाल रूसी कोट ही बना हुआ है। अपने हाथ का 'गुर' दिखाने का शायद इससे अच्छा मौक़ा न मिलता। अपना ताज़ा बुना कम्बल रक्तध्वज जी के आगे फैलाते हुए चहकने लगे, "कमरेड साहेब, तनी हेकरा के छूइए तो, आजमाइए तो। उजर भेंड़ि के बार से हमहूँ बीने हैं। किनारी परऽ एकबरनिया करिया भेड़ि का बार लगाए हैं। अइसी भेड़ि साइते-संजोग से नु मिलती है। कई बरिस से तनी-तनी बार बटोरने पर अबकी साल जाके एगो कम्मर तेआर होखा।"

रक्तध्वज जी ने एक कुशल ज़र्रानवाज़ की तरह कम्बल ओढ़ लिया...बाप रे! कम्बल है कि नागफनी की चादर! स्वेटर छेदकर गड़ने लगा उनको। झटके से उतारकर रख देने का मन किया, लेकिन शिष्टता के खयाल से बहाना बना गए, "गरम तो इतना है कि मैं एक मिनट-अ नईं रकं पा रहा हूँ।" वह बड़े ही मृदुल स्वर में बोले, "तनिक चुब रहा है। तोड़ा अउर सॉफ्ट-अ रहता तो..."

"गरम है तो ले लीजिए न, कमरेड साहेब!" भूइलोटन बिछ पड़े।

"नईं-नईं। आपको कष्ट-अ जेलना पड़ेगा।" रक्तध्वज की रूह काँप गई, "मेरे पास तो हैं ही गर्म कपड़े।" उन्होंने कम्बल को सहला भर दिया और बोले, "बेंडों के ऊपर क्लाइमेट-अ का असर पड़ता है। मैदानी इलाकों की

बेंडों के रोवें कड़े हो जाते हैं, वईं कश्मीर वगैरा में स्पंज की तरह मुलायम रहते हैं। राजस्तान के सरहदी इलाके की बेंडों को रोवें उतने मुलायम तो नईं, लेकिन लम्बे अउर चटक रंग वाले होते हैं। राजस्तान में एक विशेष प्रकार का कम्बल बनता है। लूँकार कहते हैं उसे। वह भी एकदम काली बेंड के ऊन से बनता है, लेकिन बार्डर-अ पर लाल रंग से काम किया रहता है। अब देकिए ना...पश्मीना, शाहतूश और जामावार न जाने कइसी-कइसी शालें बनती तीं हमारे यहाँ। शालबापों की एक से एक बुनाई और उन पर बड़े यत्न-अ से किए गए काम का नमूना देकने को मिलता ता। लेकिन पूँजी के इस युग में उनके हात का कौशल चिन गया। अब वह स्तान मशीनों ने चीन लिया।"

बातचीत अभी सम पर पहुँच ही रही थी कि रामगोबिन मास्टर बड़े अपनेपन से आग्रह करने लगे, "अब जरा चाह-पानी हो जाए। काहे कि भोजन में अभी अबेर है। मीटिंग में न जाने कितना समय लग जाए, कोई ठीक नहीं।"

उनके कहते ही कार्यकर्ताओं ने सबके आगे चाय का कुल्हड़ और चार-चार ब्रिटेनिया बिस्कुट रखना शुरू कर दिया।

कमलाकान्त को हँसिए के ब्याह में खुरपी का गीत रुच नहीं रहा था। वह सिर लटकाए बैठे रहे। चाय पड़ी-पड़ी ठंडी हो गई और बिस्कुट अनकुतरा ही पड़ा रहा। जियावन रैदास की नज़र पड़ी तो टोका उन्होंने, "कमरेड, आप खा नहीं रहे हैं?"

रामगोबिन मास्टर ने उनके आगे की ठंडी चाय फेंककर गर्म चाय रख दी! वातावरण को ख़ुशग़वार करने के लिए उन्होंने चुहल की, "बिस्कुट मत खाइए, क्योंकि इसमें विष कूट-कूटकर भरा रहता है, लेकिन चहवा तो पीजिए, कामरेड!" उन्होंने मद्धिम जादव को पुकारा, "कमरेडवा! चाह और दे दो।"

कमलाकान्त ने एक सड़ाके में चाय सुड़क ली। सबके चाय-बिस्कुट से फ़ारिग़ हो लेने के बाद रामगोबिन मास्टर ने आज के इस आयोजन के उद्देश्य के बारे में बताया। जिला कमेटी के सचिव चक्रधर जी ने इलाक़े की समस्याओं और इनसे सम्बान्धित पार्टी की गतिविधियों के बारे में संक्षिप्त जानकारी दी। फिर राज्य कमेटी के सचिव सत्यार्थी जी ने राष्ट्रीय व अन्तर्राष्ट्रीय परिस्थिति और भारतीय वामपंथी आन्दोलन की भूमिका का विश्लेषण किया। भारतीय

वामपंथी आन्दोलन में भटकाव और इस भटकाव में भी अपनी पार्टी की सही नीतियों के बारे में बताया। इसके बाद कॉमरेड आलोक भट्टाचार्य से बोलने का अनुरोध किया गया।

उन्होंने बड़े ही तन्द्रालस भाव से कहना शुरू किया, "खॅमा कोरबेन, कॉमरेड्स! हींदी ते ना बोलार जोन्ने। ताऊ कामरेड्स! आमी बेशी किछु बोलते चाइ ना...सुधु इंग्रेजी ते दु-एक टी कॅथा रेखे निजेर वक्तव्यो शेष कोरबो..."

अचानक रक्तध्वज जी ने यहाँ वीटो पावर का इस्तेमाल किया, "कॉमरेड-अ बट्टाचार्या, न हो तो आप बाद में बोलिएगा...यहाँ के लोकल लोगों को कुच बोलने दिया जाए।"

"...तो आप ही बोलिए न।" कॉमरेड चक्रधर रक्तध्वज जी से ही बोलने का आग्रह करने लगे।

"अबी नईं।" वह कमलाकान्त को देख रहे थे।

कमलाकान्त उलझन में पड़े हुए दीख रहे थे। जिस घटना को लेकर इस मीटिंग का आयोजन था, उसका कहीं ज़िक्र भी न हुआ। रामगोबिन मास्टर ने आयोजन का उद्देश्य महज़ संगठन में वृद्धि और उसे सुदृढ़ करने तक ही सीमित कर दिया। चक्रधर जी ने इलाक़े की समस्या में उनके गाँव की घटना का भूलकर भी उल्लेख न किया। यह क्या हो रहा है? उन्हें बोलने का मौक़ा दिए बिना आलोक भट्टाचार्य या रक्तध्वज जी से ही बोलने का आग्रह किया जाने लगा है।

रक्तध्वज जी ने उनकी हड़बड़ाहट और आंगिक मुद्राओं को पहले ही ताड़ लिया था। तभी उन्होंने कॉमरेड आलोक को रोक लिया था। उन्होंने कमलाकान्त से पूछ ही लिया, "कॉमरेड-अ उपाद्याय। आप बेचैन दीक रहे हैं। कुछ बोलना है क्या?"

कमलाकान्त ने जल्दी-जल्दी बीड़ी का कश लिया और टोंटा नीचे मसलने चले तो दरी नज़र आई। वह हड़बड़ाकर उठे और दो-तीन लोगों के पैर कुचलते हुए ओसारे से बाहर निकल आए और टोंटा दूर फेंक डाला। खड़े होते ही उन्हें लगा, बात को प्रभावशाली ढंग से कहने के जितने तरीक़े उन्होंने सोचे थे, सब भूल गए, सारा कुछ सपाट हो गया, पुआल पर बिछी उस दरी की तरह। उस

सपाटता में सिर्फ़ चार खेत मज़दूरों के झूलते शव नज़र आए, बाक़ी सब साफ़। बिना किसी भूमिका के वह बोल उठे, "मेरे गाँव में चार खेतिहर मज़दूरों की हत्या कर दी गई है। हमारे गाँव में एक भूमिपति हैं बाबू जगतनारायण सिंह। ढाई-तीन सौ बीघे की काश्तकारी है उनकी। न्यूनतम मज़दूरी को लेकर विवाद चल रहा था। इसी में उन्होंने हमारे दल के चार मज़दूरों की हत्या करवाकर उनकी लाश पेड़ पर टँगवा दी।"

राज्य कमेटी के सचिव कॉमरेड सत्यार्थी जी बोल पड़े, "कॉमरेड उपाध्याय, बातचीत के क्रम में उस घटना पर चर्चा अवश्य होगी। पहले ज़रूरी मुद्दों पर 'डिस्कशन' कर लिया जाए।"

"कॉमरेड सेक्रेटरी! आपकी नज़र में मज़दूरों की हत्या ज़रूरी मुद्दा नहीं है? आख़िर यह मीटिंग किसलिए बुलाई गई है? आज पखवारे भर से मैं पपीहा बना फिर रहा हूँ...इसी मीटिंग के लिए। इधर मेरे और कुछ साथियों के अपहरण की योजना बनाई जा रही है...फिर भी आप लोगों को यह ज़रूरी मुद्दा नहीं लगता?" कमलाकान्त ज़ोर-ज़ोर से बोलने लगे, "कॉमरेड सत्यार्थी, मैं अपने गाँव में मीटिंग बुलवाने के लिए आपके पास पटना गया था। लेकिन यह सब क्या हो रहा है? मीटिंग यहाँ हो रही है। मुझे सूचना ऐन शाम को पहुँचाई जा रही है। हमारी पार्टी के ही लोग मारे गए हैं। और लोगों के मारे जाने की आशंका है। इसमें पार्टी हमें कितनी सहायता दे सकती है, इसे बताने को मैं ज़रूरी मुद्दा मानता हूँ।"

वे लोग बगलें झाँकने लगे।

"तो इतना चिल्लाते काहे हैं?" रामगोबिन मास्टर ने मौन भंग किया, "जैसे यहाँ भी कोई आपकी घेंटी दबा रहा है।"

"हमारे लोग आपकी ग़लती से मारे गए हैं, कॉमरेड कमलाकान्त!" चक्रधर जी ने हस्तक्षेप किया, "मैं नहीं चाहता था कि यह बात खुले। मगर आप यहाँ भी अनुशासनहीनता का परिचय दे रहे हैं...तब बोलना पड़ा।"

"मेरी ग़लती से?" कमलाकान्त का चेहरा फक्क पड़ गया। कुछ देर तक उनसे बोलते न बना।

"जी हाँ, आपकी ग़लती से। न्यूनतम मज़दूरी को लेकर तनातनी चल रही

थी तो आप लोगों को संगठित करते, जनआन्दोलन छेड़ते। ऐसी परिस्थिति में आपने मज़दूरों को खेत लूटने के लिए क्यों उकसाया?" रामगोबिन मास्टर क्रोध में बोले, "आपने मुझसे भी राय नहीं ली।"

"अच्छा! मुझे कटघरे में खड़ा करने के लिए ही मीटिंग यहाँ बुलवाई गई है।" कमलाकान्त असुविधा महसूस करने लगे। "जिस दिन लठैतों ने मज़दूरों के मेठ और हमारे पार्टी कार्यकर्ता शिवचरण राम को पीटा था, उसी दिन मैंने आपसे सलाह-मशविरा करना चाहा था, लेकिन आपने सब्र करने के सिवा और कौन-सी राय दी थी?

"तो क्या कहता? मैं उसमें का नहीं हूँ जो कह दूँ 'चढ़ जा बेटा सूली पर भला करे भगवान'।"

"अगले दिन भी मैं आपके पास गया था तो पता चला कि आप अपनी सास के श्राद्ध में ससुराल चले गए, नेवता लेकर..."

"आप क्या चाहते हैं कि मैं समाज से कट जाऊँ? एक तो ऐसे ही कम्यूनिस्टों के बारे में धारणा है कि वे नास्तिक होते हैं, विधर्मी होते हैं...तब तो कोई हमें सुनेगा भी नहीं।"

"कॉमरेड-अ उपाद्याय!" इस बार रक्तध्वज जी बोले, "मुझे इस गटना के बारे में पता है अउर यह बी पता है कि आपने प्रीमैच्योर्ड-अ स्टेज में इतना बड़ा दुस्साहस कर डाला। कैर, इसे सुलजाने के लिए ही हम एकत्र हुए हैं। आप दैर्य तो रकें।"

"कॉमरेड! दुस्साहस अगर किसी ने किया है तो ग़रीब मज़दूरों की भूख ने। खेत लूटने को किसी ने उकसाया है तो मज़दूरों के ख़ाली पेट ने। पेट भरा हो तो धैर्य रखा जा सकता है। लेकिन भूखे पेट को धैर्य कहाँ! आप बिहार की परिस्थितियों का अध्ययन करने आए हैं। यदि गम्भीरता से अध्ययन करें तब शायद पता चले कि यह दुस्साहस कौन करवाता है। लेकिन आप अध्ययन कर नहीं पाएँगे। खेद है कि पूरी बात सुने बिना आपने कह दिया कि इस घटना के बारे में मुझे पता है।"

"ठीक है, आप बी बताइए अपना पक्छ।" रक्तध्वज जी ने उदात्त भाव से कहा।

वह अभी बताने ही जा रहे थे कि कैसे न्यूनतम मज़दूरी का विवाद उठा, कैसे जगतनारायण की तरफ़ से मारपीट करवाई गई। इसके बाद किस मजबूरी में लोग खेत लूटने को बाध्य हुए। उनकी बात अभी चल ही रही थी कि रामगोबिन मास्टर और उनके पक्ष के लोगों की ओर से हल्ला-गुल्ला शुरू हो गया, "बन्द कीजिए यह बकवास! गाये हुए गीत को ही दुबारा गाये जा रहे हैं। यह मीटिंग इतिहास-पुराण सुनाने के लिए नहीं बुलाई गई है। हम अगली कार्यनीति पर विचार करने के लिए एकत्र हुए हैं।"

रक्तध्वज जी ने बीच-बचाव करके सबको शान्त किया। वह कमलाकान्त की ओर उन्मुख हुए, "मजदूरी के सवाल पर टेन्सन-अ चल रहा ता तो समजौता बी करवाया जा सकता ता, उपाद्याय जी।"

"समझौते के लिए मैंने ख़ुद पहल की थी, कॉमरेड! लेकिन जगतनारायण ने इसे हमारी कमज़ोरी समझा। बातचीत के लिए मैं दो-एक बुज़ुर्ग लोगों के साथ उनके दुआर पर भी गया था कि सरकार की तयशुदा मज़दूरी से कुछ कम पर भी मामला पट जाए। लेकिन वह तो मुझे रीति-नीति समझाने लगे कि मैं ब्राह्मण जाति में जन्म लेकर भी नीच जातियों का पक्ष ले रहा हूँ, कि मैं कुल का कलंक हूँ वगैरह-वगैरह। मेरे विरोध करने पर बातचीत की कौन कहे उलटे उसने मेरे ऊपर लाठी चला दी। संयोग कहिए कि बग़ल में एक खूँटा गड़ा हुआ था। क्रोध में अन्धा होकर वह दौड़ा तो उसी में ठेस लग गई और निशाना चूक गया, वरना मेरी खोपड़ी के दो टुकड़े हो गए रहते। साथ के बुज़ुर्गों के मना करने पर वह चिल्लाकर ही रह गया, नहीं तो मैं इतनी आसानी से छूटने वाला न था। कहने लगा, 'भगवान ने मुझे ब्रह्महत्या से बचा लिया नहीं तो आज से कमलाकान्त की लीडरी झाड़ दिए होता। हत्या के भरोसे कानी गाय खेत चरती है और सराप के भरोसे ब्राह्मण मुँहे लगता है। अब सीधे मन घसक जाओ यहाँ से।' मैं क्या करता?...मुँह लटकाए चुपचाप लौट आया।" कमलाकान्त सफ़ाई-सी देने लगे, "यह जगतनारायण किसी की सुनता थोड़े है, जहाँ सोच लेगा वहीं खूँटा ठोककर ही मानेगा।"

"खूँटा काके बोलता?" आलोक भट्टाचार्य की गर्दन प्रश्नवाचक चिह्न की तरह तन गई और उन्होंने मास्टर साहब से पूछ लिया।

कुछ देर विचारने के बाद वह बोले, "खूँटा इज ए स्मौल पीस आँफ बम्बू, कॉमरेड!...हाफ़ भीतर ऐंड हाफ़ बाहर।" इसके आगे वह बोलने से ज़्यादा इशारों से बाहर और भीतर की स्थिति समझाने लगे।

"व्हाट?" आलोक भट्टाचार्य की आँखें कोइन (महुवे का बीज) की तरह बाहर निकल आईं, "व्हेदर इट इज पुश्ड इनटू ह्यूमन बॉडी?...सो बूचरली...!"

विषम परिस्थिति में भी कमलाकान्त हँस दिए, "रामगोबिन भाई की अँगरेज़ी ही ऐसी होती है। खूँटे से पशु बाँधे जाते हैं। यहाँ खूँटा ठोंकने से मतलब अपनी ज़िद्द पर अड़े रहना है।"

"ताई तो बोली कि..." आलोक जी को सुकून मिला एकाएक।

"आप हमारी बात समझ तो रहे हैं न, कॉमरेड? या इंटरप्रेटर की ज़रूरत पड़ेगी?"

"नॉट सो, कॉमरेड! गो अहेड।" आलोक जी अचकचा गए, "हाम हींदी एकटू-एकटू जड़ूर सॅमॅजने शेकता। केबॅल बोल्ने आउर लिख्ने-पोड़ने में नहीं शेकता। यू कैरी ऑन..." कहकर उन्होंने चारमीनार सिगरेट सुलगा ली। उन्होंने बड़े प्यार से एक सिगरेट कमलाकान्त की ओर भी बढ़ाई, "शिग्रेट खाइए, कॉमरेड!"

कमलाकान्त बीड़ी पी रहे थे, "फिर भी उन्होंने पत रखने के लिए एक सिगरेट ले ली और उसे कान पर खोंस लिया।

मास्टर साहब बेतरह चिढ़ गए। एक तो अपनी अँगरेज़ी की खिल्ली पर, दूसरे कॉमरेड आलोक द्वारा सिगरेट पिलाकर बढ़ाई जा रही अन्तरंगता पर। एक तरह से मास्टर साहब उनसे प्रतिस्पर्धा रखते थे। वैसे पार्टी के पोर्टफ़ोलियो होल्डरों में अपनी वाक्चातुरी के बल पर उन्हें काफ़ी सम्मान प्राप्त था, लेकिन जनप्रियता के नाम पर कमलाकान्त उपाध्याय उनसे बीस पड़ जाते थे। मास्टर साहब कमलाकान्त उपाध्याय के साथ ही बलुआँ हाई स्कूल में ही हिन्दी के शिक्षक थे। उनका कम्यूनिज़्म से पुराना लगाव था। लेकिन पिछले दो-तीन सालों से, जब से वह कलकत्ते से लौटकर आए हैं, तब से यह लगाव और गहरा हो गया है। कलकत्ता गए थे हाइड्रोसील का ऑपरेशन करवाने। उनका छोटा भाई वहाँ मारवाड़ी रिलीफ़ सोसायटी हास्पिटल में स्टोरकीपर है। गए

थे दो महीनों के लिए, लेकिन रह गए नौ महीने...इन नौ महीनों के बाद वह मानते हैं कि उनका नया जनम हुआ है। वह तो लौटना ही नहीं चाहते थे, लेकिन घर से चिट्ठी गई कि स्कूल के हेडमास्टर और सेक्रेटरी उन्हें निकाल देने की धमकी दे रहे हैं...तब आए वह। वहीं कुछ-कुछ बँगला का अधकचरा अभ्यास हुआ और वामपंथी समझ भी विकसित हुई। कलकत्ते के मारवाड़ी रिलीफ़ सोसायटी हास्पिटल की सुव्यवस्था के पीछे वह वहाँ वामपंथी सरकार का होना मानते हैं...एक बिहार है, जहाँ श्मशान और अस्पताल में कोई फ़र्क़ ही नहीं दिखता। वह अपने कलकत्ता प्रवास के अनुभव सुनाते-सुनाते इतने उदास हो जाते हैं कि बिहार की जनता की चेतना कितनी 'लो' है...अन्तहीन अनुभवों और सुरसामुखी संस्मरणों को सुनाते-सुनाते वह इतने भावविभोर हो उठते हैं कि उन्हें होश ही नहीं रहता कि सुनने वाला बिहारी है या बंगाली और वह घंटों बंगला में ही बोलते रह जाते हैं...अभी आलोक भट्टाचार्य को ऐसा करते देख उनकी पीड़ा का सहज ही अनुमान लगाया जा सकता था। कुढ़ते हुए वह भोजन की व्यवस्था देखने चले गए।

इस बार रक्तध्वज जी काफी धीरज के साथ बोले, "बातें तो सबी टीक हैं, लेकिन हमें शांतिपूर्न तरीकों से ही आन्दोलन को आगे बडाना होगा। चोटे किसानों को अपने सात रकना होगा। मजदूरी अउर बूमि संबंदी विवाद में कबी बी समजौते की राह को बन्द-अ नईं करना चाइए। किसी बी डिमांड-अ को एक्सट्रीम-अ प्वाइंट-अ पर पउंचा देना किसी के हक में अच्चा नईं होता। इसके लिए जरूरत है विबिन्न तबकों के किसानों को अउर केतिहर मज़दूरों को संगटित करने की। यदि आइसा, एक बड़ा-सा संघम बन जाता है तो ये सामन्ती उत्पीडन अपने आप बन्द हो जाएँगे। नईं तो इक्का-दुक्का प्रयास से हम कुद ही मारे जाएँगे।"

"समझौते के बारे में किसी ने ठीक ही कहा है, कॉमरेड, कि वह एक ऐसी व्यवस्था की कोशिश है, जिसमें जो चीज मुझे नहीं मिलने वाली वह किसी दूसरे को भी न मिले। हमने सिर्फ़ माँग रखी थी, बदले में हमें मौत मिली। मारपीट भी उसी ने करवाई और हत्या की शुरुआत भी उधर से ही हुई।" कमलाकान्त बेचैन होकर बोले, "कॉमरेड रक्तध्वज, आप तो देश-विदेश घूम

चुके हैं। आपको पता होगा, बिहार में उत्पीड़न अपने निकृष्ट रूप में है। अतः इन सामन्ती उत्पीड़नों, प्रहारों को रोकने के लिए उसे उसी भाषा में रिफ़्लेक्ट करना एक तरह से पीड़ित लोगों की बाध्यता बनती जा रही है।"

कॉमरेड रक्तध्वज के साथ-साथ कई महत्त्वपूर्ण लोग भी चौंक उठे, "आपका तात्पर्य?"

"पार्टी की तरफ़ से हमारे बीच हथियारों की सप्लाई की जानी चाहिए। बिना हथियार उठाये अब हमारा बचना मुश्किल है।" कमलाकान्त ने बेहिचक कह डाला।

"दादा, ई ठो केया बॅकता है आप? ओब्भी जॅदी पुलिस आपका धूल झाड़ दे तो कॉमरेड कमलाकान्तो का सारा कमिटमेंट, सारा रिभल्यूशनिज़्म झड़े जाबे।" पार्टी ऑर्गन वाले आलोक भट्टाचार्य बुरी तरह भड़क गए और फ़र्राटेदार अँगरेज़ी में बोलने लगे। जिसका अर्थ था कि आपका यह क़दम सामूहिक आत्मघात की ओर जाने वाला है। यह एक रूमानी क्रान्तिकारिता है। जब तक बहुसंख्यक जनता इसके लिए प्रस्तुत नहीं होती तब तक सशस्त्र संघर्ष अंधे कुएँ में गिरने जैसा है। आप जिनके ख़िलाफ़ लड़ेंगे, वे आपसे अधिक शक्तिशाली हैं। पुलिस और प्रशासन उनके पक्ष में है। गंगा के इस मैदानी इलाक़े की, जहाँ आप रहते हैं, भौगोलिक संरचना इसकी इजाज़त नहीं देती। चारों तरफ़ सड़कों का जाल बिछा है...दस मिनट के अन्दर सुदूरवर्ती अंचलों में भी फ़ौज की पूरी बटालियन डिप्लॉय की जा सकती है। क्या आप फूस की इन झोंपड़ियों में से ख़ूनी संघर्ष चलाएँगे? यह कुरुक्षेत्र का धर्मयुद्ध नहीं जो आप दिनभर लड़ेंगे और रात को निश्चिंत होकर थकान मिटाएँगे या विरोधियों के साथ बैठकर नीति-शास्त्र पर चर्चा करेंगे। आपको पता होगा, रूसी सहयोग से अन्तरिक्ष में जाने वाले भारतीय अन्तरिक्ष यात्री का कहना है कि धरती पर की छह इंच ऊँची कोई चीज़ भी वहाँ से साफ़ देखी जा सकती है। सारी मशीनरी, सारा तंत्र उनके पास है। आप किस बूते पर ऐसा सोचते हैं?

"तैश में आने की ज़रूरत नहीं, कॉमरेड! हम कोई स्टारवार करने नहीं जा रहे हैं। हम कुछ करें या न करें, लेकिन पुलिस हमारी धूल झाड़ती ही रहती है। वैसे किसी हिरोशिमा-नागासाकी पर अणु बम गिराना जितना आसान होता

है, उससे कई गुना कठिन होता है देश में फैली बग़ावत की एक छोटी-सी भी चिनगारी को दबाना। सरकार बड़े-बड़े फ़ौजी हमले को झेल लेती है, लेकिन जन आन्दोलन के एक छोटे से बीज से घबरा जाती है।"

"तो केया आप सिविल वार कॅरने माँगता है?"

कमलाकान्त ने विवाद को भरसक बचाते हुए कहा, "सम्भव है तर्क में आप मुझे परास्त कर दें। लेकिन मेरा एक छोटा-सा सवाल है। यदि आप लोग उसका समाधान कर दें तो हमारी सारी मुश्किल मिट जाए। मैं पूछता हूँ, जब भूमिपति सामन्त तनिक विरोध पर ही हमें मारने को दौड़ रहे हैं तो क्या हम चुपचाप मार खा लें?"

"आप इसकूल का छेले का माफिक प्रश्नों कॅरता है...जस्ट लाइक अ मोरोन।" आलोक भट्टाचार्य ने उन्हें बुरी तरह झिड़क दिया।

रामगोबिन मास्टर राज्य कमेटी के सचिव से शिकायत करने लगे, "मैं पहले ही कहता था, कामरेड सेक्रेटरी, कि यह आदमी हम सबको भंड़सार में झोंकवा देगा। मैं मना कर रहा था कि इनको मीटिंग में बुलाने की जरूरत नहीं, लेकिन आपने एक मौका देना चाहा। अब आपको कैसा प्रमाण चाहिए पार्टी विरोधी गतिविधि का? देखिए इस आदमी को...कैसे बहस किए जा रहा है। जिसे पार्टी की नीतियों से कोई वास्ता नहीं, पार्टी के अनुशासन को मानना नहीं, सोचिए वह जनता के साथ क्या सलूक करेगा।" उनके होंठ वक्र हो गए।

"क्रान्तिकारी जी सिविल वार करना चाहते हैं...ग्रीह-जुद्ध चाहते हैं, अराजकता फैलाना चाहते हैं...एक ऐसे समय में जब देश आन्तरिक और बाहरी दोनों संकटों का सामना कर रहा हो।" लगा कि देश की बात आते ही वह फूट-फूटकर रो पड़ेंगे।

"बातें तो सबी टीक हैं।" रक्तध्वज जी ने रोका उन्हें, "कामरेड-अ उपाद्याय! गाँउ-जोआर के सबी गरीब आपके सात हैं? सारे मजदूरों को अपने राजनीतिक रूप से प्रशिक्छित कर लिया है? जनमत आपके पक्छ में है? इसके बिना आपका हतियारबन्द दस्ता सिवाय दो-चार कून-कराबा के अउर कुच नईं कर पाएगा।" उन्होंने कमलाकान्त की ओर तर्जनी उठाई, "यदि आप स्वस्त

तरीके से आन्दोलन का विकास चाहते हैं तो पार्टी-ई आपकी सहायता करेगी। हम आंक के बदले आंक पोड़ने में आपकी मदद नईं करेंगे।"

कमलाकान्त समझाने की ग़रज़ से धीरे से बोले, "कॉमरेड, आपने मुझे ग़लत समझा। मैं आतंकवाद के द्वारा समाज में सनसनी पैदा करना नहीं चाहता। हथियारों से लैस मरजीवड़े दस्ते की बात मैं आत्मरक्षा के लिए कर रहा हूँ, , शक्ति में संतुलन के लिए कर रहा हूँ।"

"वाह जी...वाह! हमीं को हथियारबन्द दस्ते की उपयोगिता सिखाने लगे..." रामगोबिन मास्टर ने ताना मारा, "जजमान की लकड़ी, जजमान का घी और पंडित जी का केवल ओम नमो स्वाहा। हथियार उठाकर मजदूर मरते रहें और आपकी सरदारी चलती रहे।"

"मान लीजिए आपने जगतनारायण को मार दिया। कुच अउर जमींदारों को मार दिया। आपको न्यूनतम मजदूरी बी मिल गई। तो क्या इसके बाद आपका आन्दोलन टप्प पड़ जाएगा?"

"बहुत-सी बातें रास्ते में स्वयमेव तय हो जाती हैं। समस्या केवल न्यूनतम मज़दूरी की ही नहीं है। हमारे समाज में सामन्तशाही ने लोगों के दिल और दिमाग़ पर क़ब्ज़ा कर लिया है। इस सामन्ती हेकड़ी को तोड़े बिना किसी बदलाव की आशा धोखा है। अस्सी बरस का पोपले मुँह वाला बाप भी नहीं चाहता कि उसका बेटा उससे सर उठाकर बात करे। निखट्टू मर्द भी नहीं चाहता कि उसकी बीवी बराबरी का व्यवहार करे। इस कठोर काँच को उससे भी कठोर हीरे से ही काटा जा सकता है।"

"काँच के लिए एक छोटा पत्थर काफी है, कमलाकांत जी!" रामगोबिन मास्टर बेरुख़ी से बोले, "और आप उसके लिए कठिनाई से मिलने वाला महँगा हीरा तलाश रहे हैं। अरे, ककड़ी के चोर के लिए लात-मुक्का ही काफी है।"

"पत्थर से काँच चकनाचूर किया जा सकता है, लेकिन उससे मनमाना आकार नहीं पाया जा सकता।" कमलाकान्त बोले, "किसी चीज़ को चूर-चूर करना कोई भी समझदार पसन्द नहीं करेगा।"

भूइलोटन को भी यह नीति कुछ अटपटी-सी लगी तो रक्तध्वज जी से बोले, "कमरेड साहेब, आप का चाहते हैं? हम सिरिफ मार खाते रहें?"

"ना चुप रहबऽ...धोती से बाहर मत होखऽ..." रामगोबिन मास्टर उनको चुप कराने लगे, "ये सब गूढ़ बातें हैं, सिद्धान्त की। तुम्हारी समझ में नहीं आएँगी।"

"ई कइसन सिधांत है, मास्टर साहेब, जे गरीब मनई के जान चल जाय बाकिर ऊ पलटा जवाब ना दे?"

"इतने दिनों से समझाते आ रहा हूँ, लेकिन दिमाग की कोठरी खाली हो तब न! उसमें तो भेड़ की लेड़ी भरी हुई है...ठीक ही कहा गया है, सार-तत्त्व समझे बिना कागा हंस ना होय।" रामगोबिन मास्टर तुनक गए। भूइलोटन का पूछना उन्हें छोटी बुद्धि, बड़ी बात लगी। "अरे जोंक जब नून देने से ही मर जाय तो उसके लिए संखिया लाने की क्या दरकार है? जगतनारायण कोई बाघ थोड़े हैं जो मान में नहीं आएँगे।"

"मुझसे तो शान्तिपूर्ण हल नहीं निकल सका। मैं अपनी कमज़ोरी मान लेता हूँ...तो आप हैं। रक्तध्वज जी भी आ गए हैं, सत्यार्थी जी और चक्रधर जी भी हैं...सब लोग मिलकर कल जगतनारायण से बात कीजिए। न हो तो पंचायत ही बैठाई जाए। शायद कोई रास्ता निकल आए।" कमलाकान्त ने आत्मसमर्पण कर दिया।

"एँह...एँह, देखिए कॉमरेड सत्यार्थी! इस आदमी की चाल देखिए। हम सबको यह 'गजरा-मूरई' की तरह कटवाना चाहता है।" रामगोबिन मास्टर की जाँघ की पेशियाँ फड़कने लगीं, "जगतनारायण एक नम्बर का हंड़िकस (एक प्रकार का गूँगा भूत जो चुपके से पकड़ लेता है) है...और अभी तो वह जैसे जोड़ खाते नाग-नागिन को कोई छेड़ दे, वैसे बौखलाया हुआ है।" मास्टर साहब को लगा कि उनका डर ज़ाहिर हुआ जाता है तो बात पलटने लगे, "मुझे कोई भय नहीं। मैं चाहूँ तो अभी दंड-पंचायत बैठा दूँ...लेकिन रक्तध्वज जी, आलोक जी को लेकर सोचना पड़ रहा है। इनके साथ यदि कुछ ऊपर-नीचे हो गया तो...।"

"अइसा कतरनाक है वह?" ख़ौफ़ के मारे रक्तध्वज जी भी घबड़ा गए।

"और क्या!" रामगोबिन मास्टर कूटनीति का सहारा थामने लगे, "हड़बड़ी का काम शैतान का होता है। मैंने पूरी प्लानिंग कर ली है कि कैसे उसको

नाथा जाएगा। कल हम जैतपुरवा गाँव के महेन्दर प्रसाद सिंह के पास चलेंगे। वे हमारी पार्टी के मेम्बर हैं...खानदानी रईस जमींदार हैं, फिर भी हमारी दिल खोलकर मदद करते हैं। जैसे पागल हाथी को ऊँट कान चबाकर काबू में कर लेता है, वैसे ही जगतनारायण को महेन्दर बाबू सोझ करेंगे...।" वह फुसफुसा पड़े, "टैक्टिस चाहिए, कामरेड सत्यार्थी, टैक्टिस!"

"अरे, वही महेन्दर प्रसाद सिंह न, जो क्रान्तिकारी गीत-वीत भी लिखते हैं?" सत्यार्थी जी ने पूछा।

"हाँ-हाँ, वही। रईस होते हुए भी वे प्रगतिशील मिजाज के हैं।"

"उससे क्या हुआ। एंगेल्स भी तो पूँजीपति थे। यदि वे नहीं होते तो बेचारे मार्क्स को कितनी मुसीबत झेलती पड़ती। तालस्ताय, इतने बड़े लेखक, ज़मींदार ही तो थे।" सत्यार्थी ने बताया, "...और हमारे ये रक्तध्वज जी...इनके चाचा का बंगलोर के पास स्टील का बर्तन बनाने वाला विशाल कारख़ाना है। ये भी वहीं पर मैनेजर थे, लेकिन मज़दूरों का शोषण देखकर समूची सुख-सुविधा पर लात मारकर चले आए।"

"हमारा बाबा जखुन पूर्वी बांग्ला शे आया, हुआ सुन्दोर बाड़ी, केला गांछ का एक ठो बागान, रुई माछ का एक ठो पुखुर, ताल गांछ का एक ठो बागान छुड़ के आ गिया।" आलोक भट्टाचार्य ने बताया, "हमारा बैकग्राउंड भी तो जोमींदार फ़ेमिली का था, परांतू उशशे केया...। शव मायेर भोगे चले गेलो।"

"क्रान्ति के लिए जरूरी है, पहले कुद को डीक्लास करना।" रक्तध्वज जी जैसे स्मृति के सागर में गोते लगाकर ऊपर उठते हुए बोले, "कुद को डीक्लास करने के लिए मैं जब मजदूरों के सात रहने लगा तो मेरे अंकुल ने जानते हैं क्या ब्लेम-अ लगाया?...ब्लेम-अ लगाया कि कारकाना हड़पने के लिए मैं मजदूरों को बडका रहा हूँ।" कहते-कहते वह अपना शरीर हिलाने लगे, जैसे बारिश में भीगा पक्षी परों को झाड़कर पानी उड़ाता है। इस तरह से शायद वह अपने चाचा का निराधार आरोप उड़ा रहे थे।

"महेन्दर प्रसाद खुद अपने मज़दूरों को न्यूनतम मज़दूरी दे पाए हैं जो हमारी मदद करने चले।" कमलाकान्त भड़क गए, "आप लोग उसी महेन्दर प्रसाद सिंह से मदद की आशा करते हैं, जो हमारी पार्टी का मेम्बर होते हुए

भी अपने आचरण में घोर सामन्ती है। अपनी बीवी को छोड़कर वह एम.ए. पास एक लड़की को रखे हुए है। कभी उसे क्रान्तिकारी कवयित्री बताता है, तो कभी अपने क्रान्तिकारी गीतों की गायिका।"

"ओह कबूतरी का गीत हमहूँ सुने हैं।" भूइलोटन गड़ेरिया बोले, "गाती है तो लगता है कि सरपत के जंगल में बकरी मेंमिया रही है।"

रामगोबिन मास्टर को उनका भड़कना अच्छा लगा। वह चाहते थे कि कमलाकान्त गुस्से में आपा खो बैठे। "आचरण में एक आप ही तो वैष्णव हैं, बाद बाकी सभी गणिका हैं आपके लेखे।" मास्टर साहब निहायत ही ठंडी आवाज़ में बोले, "महेन्दर प्रसाद हमारी सहायता नहीं करेंगे, तो न करें। हम मृतकों को मुआवजा दिलाने के लिए डी.एम. का घेराव करेंगे...। एकता रहे तो पचासों उपाय हैं।"

"यह हुई एक बात। चक्रधर जी ने समर्थन किया, "घेराव के लिए पाँच सौ आदमी का ज़िम्मा मैं लेता हूँ।"

इधर लोगों के बीच कानाफूसी शुरू हो गई।

...पार्टी ऐसी बातों को कभी पसन्द नहीं करती...

...फिर भी कमलाकान्त आज कैसी बहकी-बहकी बातें कर रहे हैं...

...पहले तो यह ऐसे न थे...

...किसी ने बरगला तो नहीं दिया?

...नक्सलियों ने झाँसापट्टी पढ़ाई होगी...

...ये साले नक्सली अब इधर भी टाँग पसारने के फिराक में हैं...

"मैं किसी नक्सली-फक्सली को नहीं जानता, साथियो!" कमलाकान्त चिल्लाते ही रह गए, "यहाँ की स्थितियों ने ऐसा क़दम उठाने के लिए हमें बाध्य कर दिया है। हक़ के लिए तन-मन से जूझ पड़ना ही नक्सली कहलाना है तो आप लोगों की ख़ुशी...जो चाहें, कहें..."

...ये नक्सली और क्या करेंगे? किसी को नहीं छोड़ते ये...ममहर में बहिन बिआहते हैं...कानाफूसी जारी थी।

लिट्टी पककर तैयार हो चली थी। फुलौना मल्लाह उसमें लगी राख झाड़ने के लिए कपड़ा खोज रहे थे। रामगोबिन मास्टर ने एक छोटी-सी गमछी दी तो फुलौना ने असमर्थता जताई, "ढेर सारी लिट्टियाँ हैं...गमछा से झाड़ने पर पूरी रात सिगर जाएगी।" फिर भी उन्होंने गमछी फैलाकर देखी तो राम-राम करने लगे, "हटाइए मास्टर साहेब...ले जाइए इसे...इसमें किसी ने नेटा पोंछ दिया है।" और उन्होंने गमछी छान पर फेंक दी।

आग तापते-तापते या गर्मागर्म बहस के बीच कमलाकान्त ने न जाने कब अपनी चादर उतार दी थी...उन्हें पता ही न चला। रामगोबिन मास्टर उसे फालतू पड़ा समझकर उठा ले गए और लगे उसी से लिट्टी झड़वाने।

चक्रधर जी ने सबको रोकते हुए कहा, "यह बहस सारी रात भी चले तो खत्म नहीं होने की। समय काफ़ी हो चुका है। अब भोजन कर लेना चाहिए। कमलाकान्त जी अभी उत्तेजित हैं। ज़रा नार्मल हो लें तो फिर बातें होंगी। इस इलाक़े में इन्होंने पार्टी के लिए जो किया है, उसे देखें तो अब भी काफ़ी उम्मीद है इनसे।"

भोजन की अकुलाहट अधिकांश लोगों के अन्दर थी। कहने भर की देर थी कि वे लोग खरखरा कर उठ गए। केवल तीन-चार लोग बैठे रहे।

रामगोबिन मास्टर ने भूइलोटन से पूछा, "का हो, तू ना खइबऽ का?"

"इच्छा नहीं है, मास्टर साहेब!"

"तो चलो, परोसो...मेहमानों को खिलाओ।" मास्टर साहब ने उनकी काँख में हाथ लगाकर उठा दिया, "चलो भाई!"

मद्धिम जादव भी पीछे रह जाने वालों में थे। मास्टर साहब बड़े प्रेम से बोले, "चलिए मद्धिम भाई। यह कैसी बात है? इतने प्रेम से आपने लिट्टी बनाई और अब बैठ गए।"

"मेरा भी मन नहीं है। मैं खाकर आया हूँ।"

"उससे क्या! अघाया भैंसा भी तीन कट्ठा चरता है। ठीक है, बाद में खा लीजिएगा। अभी चलकर परोसिए तो..."

वह कमलाकान्त से मनुहार करने लगे, "आप तो खाने बैठिए ही।"

"ब्रह्मभोज में किसी अश्रोत्रिय को खिलाया गया अन्न अकारथ जाता

है, मास्टर साहब!" कमलाकान्त कुढ़कर आनाकानी करने लगे, "यह सब अच्छा नहीं लगता मुझे।"

ऐसा नहीं कि रामगोबिन मास्टर ने व्यंग्य न समझा हो, लेकिन उनका मानना था कि भोजन के लिए कुत्ते को भी पुचकारकर बोलना चाहिए। यह तो फिर भी अपने साथी हैं। "अच्छा किसे लगता है!" न चाहते हुए भी उन्होंने एक स्वर में स्वर मिलाया, "लेकिन क्या किया जाए? कोयल अंडे फोड़ देती है और उन्हीं से अपना बच्चा भी पलवा लेती है, तो क्या कौआ फिर से अंडे देना बन्द कर देता है? या चारा चुगना छोड़ देता है? आपके या मुझे नहीं खाने से जो चले गए, वो तो आने से रहे। चलिए दो-चार कौर ही खा लीजिए।"

कॉमरेड रक्तध्वज ने भी उनका कन्धा थपथपाया, "आप मेरे सात बइटिए।" और उन्हें लगभग खींचते हुए वे पंगत तक ले चले।

लोग आसन रोपकर बैठ गए थे। चीज़ें परोसी जा रही थीं...शुद्ध घी में चभोरी लिट्टियों की सोंधी महक...कोल्हू के पेरे सरसों के तेल में सना आलू और बैंगन का मसालेदार चोखा...भुने धनिया और जीरे की बुकनी डली टमाटर की खटमीठी चटनी...प्याज-गाजर-मूली-धनिया पत्ता का सलाद, जिस पर गोलमिर्च और काले नमक का चूर्ण तथा ईख का सिरका छिड़का गया था...

...भूख ऐसी बढ़ आई कि लिट्टियों की कुटम्मस होने लगी।

रक्तध्वज जी कमलाकान्त को साथ लिये अलाव की ऐन बग़ल में बैठे। कुछ देर बाद उनको गरमी लगने लगी। उन्होंने कोट उतार दिया और मोड़कर उसे घुटनों पर रखने ही वाले थे कि रामगोबिन मास्टर ख़ातिरदारी में लपके, "भूइलोटन भाई, कोटवा टाँग दो कहीं। मोड़ के रखने से घूर्ची पड़ जाएगी।"

भूइलोटन गड़ेरिया ने आगे बढ़कर कोट उठा लिया। उसे सहलाते हुए वह बड़ाई करने लगे, "अजब सरकस बनवैया हैं रूस के लोग!"

मास्टर साहब ने मीठी चुटकी ली, "तुम तो ऐसे सुहरा रहे हो, मानो सुगनी की माई (भूइलोटन की पत्नी) की जुलुफी हो।"

भूइलोटन लजा गए। कोट को वह बरामदे की खूँटी पर जतन से टाँग आए। अब रक्तध्वज जी से बतरस करने लगे, "ई कोटवा ओही रूस के नु है, कमरेड साहेब, जँहवा से गोबरचन जी आए थे?"

रामगोबिन मास्टर रक्तध्वज जी को लिट्टी खाना सिखला रहे थे, "ऐसे नहीं, कामरेड! लिट्टी को दबाकर फोड़िए...हाँ, ऐसे...दो टुकड़ों में...अब सत्तू वाला हिस्सा ऊपर कीजिए—अब लीजिए..." उन्होंने सत्तू के ऊपर पैरी (लोहे या काठ की बड़ी करछी, जिसकी डंडी लंबवत रहती है) से गर्म-गर्म घी ढालना शुरू किया, "अब खाइए...।"

"कौन गोबरचन?" रक्तध्वज जी का सिर ऊपर उठा। झटके से। हालाँकि लिट्टी फोड़ने में वह माहिर हो चले थे, लेकिन दूसरी लिट्टी को दबाया ही था कि वह क्रिकेट की गेंद की तरह लुढ़कने लगी।

चक्कर काटते एक कुत्ते को मौका मिला और लिट्टी को दाँतों से दबाकर ले भागा।

"इन बिहारियों को ज़िन्दगी-भर हिन्दी बोलना नहीं आएगा। श्रद्धेय लोगों का नाम भी ऐसा बिगाड़ देंगे!" रामगोबिन मास्टर रोष में बोले, जैसे वह ख़ुद बिहार के न होकर चिकमंगलूर के रहने वाले हों। लिट्टी छिटकने पर दुःख प्रकट करते हुए उन्होंने 'गोबरचन' शब्द को क्लियर किया, "गोर्बाच्योव के बारे में कह रहे हैं, भूइलोटन। इनकी बेवकूफियों से मैं आजिज आ गया हूँ। कितना सिखाया 'मार्क्स' कहने को लेकिन यह 'मारकस' से आगे नहीं बढ़ पाए।"

"नामों का अच्छा स्वदेशीकरन है!" रक्तध्वज जी हँस पड़े।

उनके हँसते ही पार्टी अनुशासन की अच्छी मिसाल पेश करते हुए कुछ और लोग भी हँस पड़े। मजबूरी में रामगोबिन मास्टर को भी भभाकर हँसना पड़ा।

रूस का नाम उठा तो रक्तध्वज जी के अन्दर कुछ गुरूर-सा खिला, उनकी पाँचों उँगलियाँ घी से चिकनी हो रही थीं और रूस की स्मृतियाँ इस ग़ुरूर से सुगन्धित हो उठीं, "रूस की ही बात लें, कामरेड-अ उपाद्याय! क्रान्ति वहाँ अनिवार्य हो गई ती। वह अइसा वक्त ता, यदि क्रान्ति नई होती तो लोगों का बचना मुहाल ता। कोई बी चीज समय पर होती है, जब बदलाव की सारी परिस्थितियाँ उसके गर्ब में आकार दारन कर लेती हैं। चीन में बी वइसा समय आ गया ता। वहाँ की हालत इतनी कराब ती कि अन्न के बदले अच्चे घरों की स्त्रियाँ अपनी देह बेचने लगी तीं। रोटी के केवल एक टुकड़े के लिए। यह सब कहने का मतलब है कि बारत में अइसी कराब स्तिति आने

बी नईं देगा। कमलाकान्त जी, एक बात याद रकें, उतावली में कोई काम नईं करना चाहिए। आपके बारे में मैंने सुना है। आपने दीरे-दीरे ही यहाँ के लोगों को एकजुट किया है। अब सई वक्त का इन्तजार कीजिए, वक्त आते ही चोट कीजिए...सपलता जरूर मिलेगी।"

...जरा सलाद...

...लिट्टी एक इधर...

लोग चटखारे ले-लेकर खा रहे थे।

कमलाकान्त का दिल बुझ-सा गया था। क्षुब्ध मन से वह कौर तोड़ते जा रहे थे। खाने का दिखावा करते हुए। भोजन एकदम बेस्वाद लग रहा था, जैसे उन मज़दूरों के श्राद्ध का अन्न खा रहे हों।

आलोक भट्टाचार्य लिट्टी की खूब बड़ाई कर रहे थे, "बाह! केया जिनिश है लिट्टी! शच में प्रॅतेक प्राभिन्स का खाना में अलादा-अलादा मॅजा लागता है...डिसेंट एंड भिभिड टैस्ट!"

मद्धिम जादव ने इसे अपने लिए समझा। थोड़ी देर के लिए अपनी पाककला पर आत्ममुग्ध-से हो गए। हालाँकि आलोक जी को यह पता नहीं था कि लिट्टी किसने बनाई है। वह मनुहार करने लगे, "लेकिन खा कहाँ रहे हैं? कभी की परसी दूनो लिट्टिया में से खाली आधा खाँड़ा खाये हैं...और लीजिए ना।"

"दाँत में थोड़ा तोकलीफ है।"

"अरे, तब तो घी में फुलाकर खाइए।" रामगोबिन मास्टर घी की कटोरी और पैरी लिये लपके, "बंगाल का रसगुल्ला जैसा न हो जाए तो फिर कहिएगा।"

रक्तध्वज जी को मज़ाक़ सूझा, "मचली के बिना इनका काम नईं चलता। एक बार गुजरात गए ते। वहाँ 'मांच-बात' के लिए बड़ा परेशान हुए।"

"ओफ्फोह! जानता तो फुलौना मल्लाह से मछली मँगवा लेता।" मास्टर साहब बोले।

"अउर आप भी तो 'रसम्' खुजता था।" आलोक जी ने भी इसका जवाब ठिठोली में दिया, "साउथ इंडियन डिश नेंही माँगता था आप?"

भूइलोटन गड़ेरिया ने आलोक जी के पत्तल में बिना माँगे चोखा डालते हुए बंगला बोलने की कोशिश की, "कामरेड दादा! इतना गंवे-गंवे खाबेन तऽ

कबहुँ ना ओराबे...पलथी मारके बइठुन ना, आराम से। पैजामा का फीता तनी नीचे सरका दिन। पेट तबे से अउंसा गइल होबे।" रामगोबिन मास्टर के चलते बंगला की कुछ क्रियाओं से उनका भी परिचय हो चला था। कलकत्ता प्रवास के ललित संस्मरण सुनाते-सुनाते वह भूइलोटन से बंगला में ही बतियाते जाते थे। वैसे भी भूइलोटन में जिज्ञासा का सहज संस्कार था।

आलोक जी हँस दिए, पता नहीं अपने बैठने के ढंग पर या उनकी बंगला पर।

रक्तध्वज जी ने कमलाकान्त के कान के पास मुँह ले जाते हुए हौले से कहा, "कामरेड-अ उपाद्याय! आप गबराते क्यों हैं? मैं यहाँ से जाते ही मुख्यमंत्री से मिलूँगा। देकिए न, मैं अइसा उपाय आजमाना चाहता हूँ कि साँप बी मर जाए अउर लाटी बी न टूटे।"

कमलाकान्त के पूरे शरीर में आग लग गई जैसे। मुँह में कौर रखे हुए ही वह ऊँट की तरह गलगलाने लगे, "क्यों मज़ाक़ कर रहे हैं, कॉमरेड? मुख्यमंत्री किसके हैं? वह ग़रीबों की तरफ़ कब से हो गए?"

राज्य कमेटी के सचिव सत्यार्थी जी ने जड़ दिया, "तभी तो मैं ज़ोर देता हूँ, कॉमरेड, कि जनता को राजनीतिक रूप से सचेत किया जाए। तभी तो वे अपने पक्ष के प्रतिनिधि चुन सकेंगे। तब कोई असम्भव नहीं कि बंगाल की तरह, केराला की तरह एक दिन बिहार के मुख्यमंत्री भी हमारे हो जाएँ।"

"मैं भी पहले इस मुग़ालते में था, कॉमरेड सेक्रटरी! लेकिन अब लग रहा है कि दर्ज़न-भर से अधिक प्रान्तों में बंगाल की तरह मुख्यमंत्री हो जाएँ, तब भी वे कुछ कर नहीं पाएँगे।" कमलाकान्त ने पानी के घूँट से कौर निगल लिया था, "उन्हें वर्तमान संसदीय व्यवस्था की कार्यप्रणाली के अनुसार चलना पड़ेगा। इस व्यवस्था में इतने बड़े-बड़े खाँचे हैं, जिसमें उनके नुकीले दाँते भी गच से फँस जाएँगे। इस व्यवस्था के साथ उनका चेन और व्हील का सम्बन्ध बन जाता है...चेन सरकता रहता है, व्हील घूमती रहती है। अपनी धुरी पर स्थिर। वैसे भी मसल है कि बूढ़ी घोड़ी को लाल लगाम लगा देने से चाल नहीं बदल जाती।"

...मद्धिम भाई, जरा चोखा...

...मास्टर साहेब, तनिक घी ढालिए तो...

...अरे-रे, हाथ बार लिया...कम-से-कम एक और लीजिए...

...चप-चप...चपर-चप...

माँगने-खाने-मनुहार करने के स्वर आपस में घुलमिल रहे थे। कमलाकान्त को लग रहा था कि वही लोमड़ी अपने दल-बल सहित इस भोज में भी आ बिराजी है।

"नो कॉमरेड! इट इज अंडरएस्टिमेशन ऑफ अवर एचीभमेंट।" आलोक जी ने प्रतिवाद किया, क्योकि बंगाल की मिसाल आते ही वह उस बहू की तरह ख़ुश हो गए, जो बग़ैर दहेज़ के आई हो, फिर भी सास ने उसके मायके की बड़ाई कर दी हो। वह अँगरेज़ी में टिप्पणी करने लगे, जिसका अर्थ था कि चुनाव भी एक तरह का वर्गसंघर्ष है, मज़दूर वर्ग के प्रतिनिधि को सत्ता सौंपने का संघर्ष। हम इसमें सफल भी होते जा रहे हैं, क्योंकि इसमें हमें तेज़ी से बढ़ रहे मध्यवर्ग का भी साथ मिलता जा रहा है, जबकि सशस्त्र संघर्ष में मध्यवर्ग तनिक भी दिलचस्पी नहीं दिखाता।

तभी से जुमलेबाज़ी सुनते-सुनते और बोलते-बोलते कमलाकान्त का अक्खड़ मन ऊबने लगा था। उन्होंने बिफरकर कहा, "सच कहूँ तो आप लोगों का व्यवस्था-विरोध उस वेश्या के ग़ुस्से की तरह है, कॉमरेड, जो तभी तक ग़ुस्से में रहती है, जब तक उसे पूरे नज़राने नहीं मिल जाते। फिर तो वह अपने को ऐसा परोसती है...ऐसा परोसती है...कि अब क्या कहूँ?" उन्होंने दाँत से जीभ काट ली, "वेश्या तो फिर भी हमारी एक मजबूर बहन ही है।"

"सच डिक्शन इज़ रादर ऑब्जेक्शनेबल..." कॉमरेड आलोक भट्टाचार्य ने कसकर डाँटा। वह अभी चीख़-चीख़कर कुछ कहने ही वाले थे कि रक्तध्वज जी ने उन्हें इशारों से मना कर दिया। कमलाकान्त की यह शैली वाकई बुरी लगी उन्हें भी, लेकिन राजनीति में उन्हें अनगिनत अवसरों पर इससे भी ज़्यादा कड़े शब्दों, प्रतिवादों, आक्षेपों, आपत्तियों, तर्कों आदि का सामना करना पड़ा है। अन्त में उन्हें अपने ज्ञान और अनुभव का सहारा ही लेना पड़ता है। कुतर्क करने वालों को भी वह अपने अकाट्य तर्कों से ही परास्त करते आए हैं। यदि अगले का उद्देश्य आपको विचलित करने का है और आप उसकी किसी दलील पर तिलमिला गए तो आपकी वैचारिक कमज़ोरी ही प्रकट होगी।

रक्तध्वज जी ने भीतरी तिलमिलाहट को दबाकर एकदम जैसे कुछ हुआ ही न हो वैसे कहा, "सशस्त्र संघर्ष बी एक तरीका होता है बदलाव का। लेकिन ऐसे संघर्ष से स्वस्त जन आन्दोलन को बहुत दक्का पहुँचता है। मान लीजिए किसी जमींदार या पूँजीपति या टाइरेंट रूलर के किलाप जन आन्दोलन चिड़ा हुआ है। इसी बीच उसकी हत्या कर दी जाती है तो वह जन आन्दोलन वईं एकाएक रुक जाता है। जनता की लड़ाई एक व्यक्ति पर आकर टहर जाती है। यह किसी 'न्यूक्लियर एक्सप्लोजन' की तरह अचानक होता है। इसके बाद का समूचा माहौल 'शॉक वेव' की चपेट में आकर दूलिसात हो जाता है।"

...तनिक चटनी...इनको...हाँ, इधर भी...

...पानी...जियावन जी...जरा-सा पानी...

...नहीं, अब लिट्टी नहीं...पेट फूल चला है...अब सिर्फ पानी...

खाना लगभग पूरा हो चला था। फिर भी कुछ लोग 'मनु भाव न जाने पेट भरने से काम' की तर्ज़ पर मिचरा-मिचरा कर टूँग रहे थे। कोई दाँत खोद रहा था तो कोई हाथ में लगे घी से मूँछें चिकना रहा था। कुछ लोग स्वादिष्ट भोजन के साथ-साथ पार्टी के वरिष्ठ लोगों की गरिष्ठ बातें भी सुन रहे थे।

"वह उदाहरण तो आपने सुना होगा..." रक्तध्वज जी पत्तल से एक तिनका नोचकर दाँत खोदते हुए बोले, "एक चोटे बच्चे ने सुबह-सुबह गुलाब का पौदा रोपा। उसे उम्मीद ती कि दोपहर तक उसमें पूल आ जाएँगे। पौदे में वह कूब काद-पानी डाल गया। हर तोडी देर बाद वह उसे जांक लेता ता कि पूल किले या नईं। लेकिन पूल को नईं किलना ता तो नईं किला, दोपहर होते-होते चोटा बच्चा इतना जल्लाया कि उसने पौदे को ही उकाड़ पेंका। हमारे कुच बचकाने सातियों में क्रान्ति के प्रति कुच अइसी ही जल्दबाजी दीक रही है। मुजे तो शक है, वे कांग्रेस के ही एजेंट-अ हैं।"

"ए मधिम!" अपनी आदत से लाचार भूइलोटन गड़ेरिया से रहा न गया, "अरे ई चीन मुलुक के लहसून जी का कहानी है हो। तबकी पहिली मई के मास्टर साहेब सुनाये रहे।"

रामगोबिन मास्टर को इस बार नामों का बिगड़ना बुरा नहीं लगा। बल्कि वह प्रमुदित होकर बोले, "यही कहानी मैंने पहली मई को सुनाई थी, कॉमरेड!

इन लोगों को पोलिटिकली डेभलप करने के लिए मैं अकसर कुछ न कुछ सुनाता रहता हूँ।" हठात वे 'यूरेका' की तर्ज़ पर बोल उठे, "समझ गया... पहली मई की याद आई तो आपके नाम का मरम समझ गया। उसी दिन मजदूरों के खून से सनी कमीज का झंडा बना था...रक्तध्वज!"

"अङ...वई कून का द्वज।" रक्तध्वज जी मुस्कराते हुए सिर हिला रहे थे।

रामगोबिन मास्टर ने उनके पास जाकर पूछा, "जो आपने सुनाई, वह लु-शून की ही कहानी है न?"

"शायद यह वईं की एक लोक-कता है।" उन्होंने अनिश्चय की स्थिति में बताया।

कौओं की जमात में उल्लू की दशा हो, वहाँ कमलाकान्त उपाध्याय की वही दशा हो रही थी। 'मुझे उल्लू ही तो बनाया जा रहा है।'—उन्होंने सोचा। कुछ देर तक चुप रहने के बाद, माहौल को तोलने के बाद वह बोले, "बहुत अच्छा दृष्टांत है। प्रसंगवश मुझे भी एक बोध कथा याद आ रही है, कॉमरेड रक्तध्वज!"

रक्तध्वज जी को ख़ुशी हुई कि कमलाकान्त उनकी बातों को समझने की कोशिश कर रहे हैं। यह आदमी भी क्या करे—उन्होंने सोचा—आश्चर्य की बात है बिहार के ये हिंसक व्यक्ति हिंसा से अलग कोई भाषा ही नहीं समझते और अब तो पूरे देश में हिंसा का ही दौर चल पड़ा है। उन्होंने जिज्ञासु होकर हाथ हिलाया, "अवश्य सुनाइए। इन कताओं में विशाल अनुबव के सार चिपे रहते हैं।" दरअसल, उन्हें अपने ही विशाल अनुभवों पर भरोसा हुआ कि उनके तर्कों का प्रभाव कमलाकान्त जैसे अड़ियल के ऊपर भी पड़ने लगा है।

"पंचतंत्र की कहानी है।" कमलाकान्त के अन्दर विषण्णता की तेज़ हँसी फूटने को हो आई, लेकिन होंठों को धीरे-धीरे खोलते हुए उन्होंने कहा, "तीक्ष्णविषाण नाम का एक साँड़ था। हमेशा झुंड से अलग चलने वाला और अक्खड़। एक दिन प्रलोभन नाम का एक सियार उसके लटकते हुए लाल अंडकोष को देखकर सोचने लगा, 'साँड़ की जंघाओं के बीच यह कितना सुन्दर और सुडौल फल लटका हुआ है। पक जाने से यह टह-टह लाल भी हो चला है...लगता है, अब गिरे-तब गिरे।' वह उसके पीछे लग गया। उसने निरन्तर कई वर्षों तक उसका पीछा किया, लेकिन वह फल नहीं गिरा। क्या

हमारे कुछ साथी वर्तमान संसदवाद के प्रति कुछ ऐसी ही आशा लगाए नहीं बैठे हैं? संसद के दोनों सदन के बीच लटकता हुआ फल। पता नहीं अभी और कितने दिनों तक उसकी तरफ टकटकी लगाए रखनी पड़ेगी।" मायूसी में उनकी ठंडी साँस निकल गई।

अचानक वहाँ खड़मंडल हो गया। चक्रधर जी क्रुद्ध साँड़ की तरह ही हुँकारने लगे, "यह सरासर अनुशासनहीनता है। किसी को अपमानित करने का आपको कोई अधिकार नहीं है। आप एकदम उजड्ड हैं, अक्खड़ हैं। आपको बात करने की तमीज़ नहीं है। आपकी समझ बड़ी विध्वंसक है।"

रामगोबिन मास्टर उनके ख़िलाफ़ मौक़े की ताक में रहते ही थे। वह भी तारस्वर में गगन गुंजाने लगे, "आपने इस इलाके में लुच्चे-लफंगों की जरा-सी फौज खड़ी कर ली तो अपने को तीसमार खाँ समझने लगे हैं? आपके बल पर इतनी बड़ी पार्टी नहीं चलती...समझे? रक्तध्वज जी को मैं जानता हूँ। इन्होंने दुनिया देखी है, कई जगह आन्दोलन चलाया है। और आप? आप बंगला पर की मोदियाइन की चाह दुकान को छोड़कर जानते भी हैं कि दुनिया कितनी बड़ी है? आप क्या हैं? आप ईनार का बेंग हैं...आप गूलर का कीड़ा हैं... आप 'अलमुनिया' का तसला हैं, जी...तसला...पेंदा में आँच लगते ही गरम हो जाएँगे, ज़मीन पर रखते ही ठंडा।" ग़ुस्सा आ जाने पर मास्टर साहब अनगिन कवित्त और लोकोक्तियाँ सुनाने लगते थे। उन्होंने वही रूप पकड़ लिया, "आप बड़ा दिसकूट (दृष्टकूट) झाड़ने चले हैं? शर्म नहीं आती, किससे बात कर रहे हैं! इसी को कहते हैं...महुआ नित उठि दाख सो, करत बतकही जाय।"

किसी को माहौल के इतना बिगड़ जाने का अन्दाज़ा न था। अपनी-अपनी तरह से नाराज़ी ज़ाहिर करते हुए लोग टिड्डी दल की तरह उठ गए। अब तक तो वह ठस-ठस जवाब देते आ रहे थे, लेकिन जब चारों ओर से व्यंग्य-बाणों की बौछार होने लगी तो कमलाकान्त की सारी बुकराती गुम हो गई। अब सिर झुकाए काठ की मूरत की तरह निष्कंप बैठे रहे।

"ऐसे तपाकी के साथ किसी निर्णय पर पहुँचना असम्भव है।" सत्यार्थी जी एक कोने में फुसफुसाकर सबसे हट जाने की सलाह देने लगे, "अब इनसे बात करना अपना दिमाग़ ख़राब करना है। कल फिर कहीं बैठा जाएगा।

हम ख़ुद तय करेंगे कि क्या करना चाहिए। कहाँ इनको राज्य कमेटी में लेने की बात चल रही थी, लेकिन इन पर इस इलाक़े का भार देकर हमने आदमी समझने में सचमुच भूल कर दी।"

"मैं तो पहले ही कहता था, कॉमरेड सेक्रेटरी, कि यह आदमी सबको भंड़सार में झोंकवा देगा।" रामगोबिन मास्टर को ख़ुशी इस बात पर थी कि उनका कहा होकर रहा। "इसने मीटिंग की गरिमा और गम्भीरता धूल में मिला दी। पूँजीवदिया सब क्या कहेंगे कि ये कम्युनिस्ट अपनी मीटिंग में पियक्कड़ों की तरह लड़ते हैं।"

"यह आदमी कम्युनिस्ट तो कहीं से नहीं लगता। कम्युनिस्ट मूवमेंट में इनको ज़रा-सा भी फ़ेथ नहीं है।" चक्रधर जी ने लोगों को आगाह किया, "अभी मीटिंग शुरू होने के पहले ये हज़रत मार्क्स में ही खोट निकाल रहे थे। ही इज एन एजेंट ऑफ़ नक्सलाइट्स।"

लोग कमलाकान्त को शक की निगाह से देखने लगे। वे यूँ खिकसने लगे जैसे उनकी छाया से बचना चाहते हों।

...लेकिन रक्तध्वज जी समाधिस्थ-सा बैठे रहे...कई बार पुकारे जाने के बावजूद। चोट उनके मर्म पर लगी थी, शायद।

कमलाकान्त एक अजीब-सी बेचारगी की मुद्रा में आलोक भट्टाचार्य की दी हुई चारमीनार सिगरेट पीने लगे...शायद इस पराजय को धुआँ-धुआँ करने के लिए धुएँ का कवच बनाते हुए वह शून्य में ताक रहे थे। उनकी चेतना उस धुएँ के समान एक ख़ास ऊँचाई तय करते हुए छितरा जा रही थी। उन्हें सिगरेट को दी गई किसी विद्वान की परिभाषा याद आ गई—सिगरेट उसे कहते हैं, जिसके एक सिरे पर आग होती है और दूसरे सिरे पर कोई मूर्ख। तो क्या वह मूर्खता कर रहे हैं? उस आग को अपनी चेतना और आचरण में खींचकर, जिसे क्रान्ति की ज्वाला कहते हैं। आज जिस आग को पीने के लिए वह कटिबद्ध हैं, इसके लिए माचिस की कितनी तीलियाँ घिसनी पड़ी थीं, ऐसे ओदे मौसम में...अनगिनत, बेहिसाब। गाँव के इन नंगे-भूखों को गोलबन्द करना असाध्य-सा काम था, मेढक को तराजू के खुले पलड़ों पर तोलने जैसा। राजनीतिक पाठ का ककहरा सिखाना, डकैती-जुआ-शराब जैसे

कुटेव छुड़वाना, गुप्त तरीकों से दस-दस, पाँच-पाँच आदमियों को किसी झोंपड़ी में बैठाकर ढिबरी की रोशनी में पतली-पतली पुस्तिकाओं का बाँचना, कथा-कहानियों के माध्यम से जीवन के अलिखित रहस्यों को समझाना, एक नई आशा का संचार करना...इसमें कितना घासलेट जला होगा, कितना वक़्त और कितना ख़ून, कमलाकान्त के पास कोई हिसाब नहीं। इतने दिनों का किया-कराया क्या एक धक्के से ही ख़त्म हो जाएगा? इसी के लिए उन्होंने अपना जीवन होम कर दिया। राजनीति तो उन्होंने चक्रधर जी के साथ ही शुरू की थी। वही चक्रधर जिनके पास तन ढकने के साबुत कपड़े तक नहीं थे... नहाते वक़्त धोती भीग जाती थी तो कमलाकान्त की ही धोती पहनकर बाहर निकलते थे...और आज वह कहाँ पहुँच गए! ज़िला कमेटी के सचिव बनाए गए, जब से नगरपालिका की यूनियन करने लगे हैं, तब से न सिर्फ़ देह पर चर्बी चढ़ गई, बल्कि शहर में मकान भी बनवा लिया, मटका-तसर ही पहनने लगे हैं, कॉन्फ्रेंस अटेंड करने लगे हैं। नहीं-नहीं! कमलाकान्त का यह लक्ष्य कभी नहीं रहा। कुत्ते के कान से सटी चमजूई की तरह सत्ता से चिपक जाना चाहिए या जनता को जन-संघर्षों के माध्यम से एक वैकल्पिक व्यवस्था के लिए तैयार करना चाहिए?—उनके सामने बड़ा प्रश्न था कि वह क्या करें? पार्टी के इस टरकाऊ रवैये में वह भी शामिल हो जाएँ...लेकिन इससे तो पीड़ितों के बीच पस्तहिम्मती ही बढ़ेगी...अपने-आप फ़ैसला लिया उन्होंने—मार्क्सवादी कर्मकांडियों की संघर्ष और क्रान्ति की किताबी व्याख्याओं के मकड़जाल से उन्हें बाहर निकलना ही होगा।

बाक़ी लोग जैसे 'फ़ेड आउट' हो गए थे, निरपेक्ष हो गए थे। सापेक्ष थे तो आपस में केवल वही दोनों—रक्तध्वज और कमलाकान्त। दोनों की सोच में डूबी हुई आँखें मिलीं...चारों आँखों में कसक थी, असहायता के भाव थे। कमलाकान्त धीरे से बोले, "कॉमरेड, मैं समझता था कि कम्युनिस्ट इतने भावुक नहीं होते...लेकिन..." उन्होंने आँखें घुमा लीं।

रक्तध्वज जी के अन्दर ग़ज़ब की तितिक्षा थी। बहरहाल, वह एक कम्युनिस्ट इंसान थे। उन्होंने किसी ईसाई संत की तरह कमलाकान्त की पीठ पर हाथ रखा, "कॉमरेड-अ मतबेदों का मैंने कबी बी बुरा नईं माना है। मैंने

हमेशा से कुले विचारों का स्वागत किया है।" हठात उनके स्वर में बदलाव आ गया, खट्टी डकारें ले रहे हों जैसे, "संसदीय पद्धति को आप पसन्द नईं करते...चलिए मैं बी नईं करता...लेकिन मैं पूचता हूँ, यदि जनता आपको ही चुन दे तो आप क्या करेंगे? चुनौती से मुँह मोड़ लेंगे या...?"

"जनता हमें चुन कब पाती है, कॉमरेड?" कठिन परिस्थिति में कमलाकान्त के होंठों पर एक तिक्स मुस्कान आ गई, "हाँ, चुनाव जीतने के लिए यदि हम भी उन्हीं चौरासी आसनों और चौंसठ कलाओं का सहारा लें तो बात अलग है।"

"साम्यवादी क्रान्ति के पहले जनवादी पड़ाव को पार करना ही होगा, कामरेड-अ उपाद्याय! आप बुनियादी बूल कर रहे हैं। इसके लिए जनता को इसी जनतंत्र में बागीदारी लेनी होगी। चुनने अउर मत व्यक्त करने की जो आजादी मिली हुई है। उसे बी चोड़ देने पर तो वर्गशत्रुओं को अउर सुविदा हो जाएगी।" अब भी दुर्धर्ष चट्टान की तरह दीख रहे थे कॉमरेड रक्तध्वज।

"सतमासे बच्चे की तरह अविकसित भारतीय जनतंत्र में हमें जो थोड़ी-बहुत स्वतंत्रता मिली हुई है, उसका वर्गहित में इस्तेमाल करना मैं भी पसन्द करता हूँ। लेकिन व्यूह के भीतर घुसपैठ के साथ-साथ बाहर से भी आक्रमण करना पड़ेगा। बाहरी और भीतरी आक्रमण के बीच एक तालमेल होना चाहिए। अगर सिर्फ़ चुनाव तक ही अपने को समेट लें तो जनतंत्र में चुनने और मत व्यक्त करने के लिए जिस सामाजिक विवेक की ज़रूरत पड़ती है, उसे हम खो देंगे।" कमलाकान्त बिना किसी हिचक के अपनी बात रखते जा रहे थे "...यह सामाजिक विवेक जनसंघर्षों के लम्बे अनुभव से ही अर्जित किया जा सकता है। मैं उनमें भी इस विवेक का अभाव देखता हूँ, जिनका दावा है कि उन्होंने हमें सभ्य बनाया, प्रजातंत्र का शऊर सिखाया। जी हाँ, कॉमरेड! उसी ब्रिटेन के एक चुनाव के बारे में मैंने कहीं पढ़ा था कि एक बार कावेंट गार्डन की सीट से कोई चार्ल्स फॉक्ट चुनाव लड़ रहे थे। उनकी एक जवान और ख़ूबसूरत दोस्त, जो शायद डेवन शायर की डचेस थी, ने उनको जिताने का एक उपाय सोचा। उसने प्रचार किया कि चार्ल्स को वोट देने वाले हर मतदाता को वह अपना चुंबन देगी। फिर तो ब्रिटेन की सबसे सुन्दर डचेस का चुंबन पाने के लिए मतदाताओं में चार्ल्स को वोट देने की होड़ लग गई। इससे

घबराकर विरोधी पक्ष वाले मतदान केन्द्र पर 'लेडी सेल्सबरी' को ले आए, लेकिन लेडी सेल्सबरी सुन्दरता में डचेस से एक क़दम पीछे थीं, इसलिए जीत अधिक सुन्दरता की हुई। अब यदि फ़ोटो देखकर छाप मारने वाली भारतीय जनता मदारियों, भाँडों और बहुरुपियों के झाँसे में आ जाती है तो क्या दोष?"

रक्तध्वज जी की एक घुटी-सी कराह निकल गई। उन्होंने एक ठंडी साँस ली और नपे-तुले शब्दों में बोले, "कॉमरेड-अ कमलाकान्त, आपको जवाब देने की स्थिति में कुद को नईं पा रहा हूँ, न मैं यई कह सकता हूँ कि बारतीय जनता के विक्छोब को कउन-सी पार्टी-ई लीड-अ कर ले जाएगी। वह कोई चोटी-सी बी पार्टी-ई हो सकती है या कई पार्टी के संगटन से बनी कोई बड़ी पार्टी-ई बी। कैर, आपके सन्तोष के लिए इतना बता दूँ कि सचमुच यदि जरूरत हुई तो अपने आप हमारे पास हतियार आ जाएगा।" अपने को संयत रखने की तमाम कोशिशों के बावजूद रक्तध्वज जी के शरीर में कँपकँपाहट थी, वाणी में निढालपना था, चेहरे पर दुविधा थी। वह चादर से अपने शरीर को बार-बार ढकते हुए जम्हाइयाँ लेने लगे, "अब चला जाए।"

"हाँ-हाँ, जाइए, कल से आपको बिहार का अध्ययन भी करना है न! खूब मोटी थीसिस लिखिएगा।" व्यंग्य से कमलाकान्त का चेहरा लम्बोतरा हो गया, "बिहार प्रान्त भी अजीब है, कॉमरेड! राजनीतिज्ञों को यह हरे-भरे चरागाह की तरह आकृष्ट करता है, पत्रकारों को यह कल्पवृक्ष की तरह आकृष्ट करता है। इतना ही नहीं, लेखकों-कवियों-बुद्धिजीवियों को यहाँ का यथार्थ परीकथाओं की तरह आकृष्ट करता है। जलती हुई शमा के इर्द-गिर्द टूटते पतंगों की तरह सभी खिंचे आते हैं यहाँ, लेकिन अभागे बिहार की नियति को बदलने का समय आता है तो सब शिखंडी बनकर ताकने लगते हैं, दूसरों के द्वारा तीर चलाने की प्रतीक्षा में खड़े रहते हैं सब।"

रक्तध्वज जी के केवल होंठ फड़फड़ाकर रह गए। किसी अल्हड़ युवती के दुपट्टे की तरह उनकी चादर बार-बार सरकी जा रही थी। उसे किसी तरह सँभालते हुए वह सोने वाली कोठरी में घुस पड़े।

कमलाकान्त अब वहाँ किसलिए ठहरते। खड़े होकर उन्होंने एक लम्बी जम्हाई ली। मीटिंग के पहले जिस जाड़े को वह छोड़ आए थे, अब मौक़ा पाकर वह उनके कन्धे पर सवार हो गया और बड़े प्यार से अपना यख हाथ उनके बदन पर फिराने लगा। सर्द हवा का एक तेज़ झोंका आया और उसके कुछ क़तरे उनके कानों में समा गए। सीत्कार के साथ उन्हें अपनी चादर का होश आया। हड़बड़ाकर वहाँ गए, जहाँ चादर उतारी थी...चादर लेकिन नदारद थी। बड़े परेशान हुए।

"का खोज रहे हैं?" भूइलोटन गड़ेरिया ने पूछा।

कमलाकान्त को पत्नी याद आई...आते समय भी वह चादर खोज रहे थे और जाते समय भी चादर ही। कैसा संयोग है! "चदरिया नहीं मिल रही है, भाई!"

शीत लहर भेड़ों के झुंड की तरह चल रही थी...माघ की रात का अन्तिम पहर।

"ऊ तो मास्टर साहेब ने लिट्टी झड़वा दी उससे।" मद्धिम ने याद करते हुए बताया।

"तुमने रोका भी नहीं" कमलाकान्त को रामगोबिन मास्टर पर बेपनाह ग़ुस्सा आया। वह आड़े के पास चले गए। उपले के ढेर पर पड़ी चादर राख और धूल से बुरी तरह किन-किन हो चली थी। वह पछीट-पछीटकर उसे झाड़ने लगे, लेकिन शीत के चलते राख चिपट गई थी। भद्दा-सा मुँह बनाते हुए उसे वहीं पटक दिया और अलाव के पास चले गए। अलाव कब का बुझ चला था...राख में दुबकी लूतियाँ यदा-कदा झिलमिला जाती थीं। तब तक उनकी नज़र बरामदे में खूँटी से लटकते लाल रूसी कोट से टकराई...उनकी आँख चिनगारी की तरह जल उठी।

वह तड़पकर उठे और चल दिए।

पीछे पैरों की आहट सुनाई दी...पलटे तो देखा कि भूइलोटन गड़ेरिया, मद्धिम यादव और जियावन रैदास चले आ रहे थे। "कामरेड, ई कम्मरवा ओढ़ लीजिए।" भूइलोटन ने भरे गले से कहा।

"और तुम? तुम कैसे जाओगे, साथी?"

"अं-हं ऽऽऽ। ठीक है। हमनी का दुनो आदमी ओढ़ि के चलते हैं।" उन्होंने अपना कम्बल इस तरह फैला लिया जैसे किसी शिशु चिड़िया को उसकी माँ अपने पंख में समेट लेती है।

...दो बेटे-दो बाप, बीच जिनके तीन ओढ़ना
एक-एक कम्बल उन्हें दे दो, नहीं किसी को खुला छोड़ना
बच्चो, जरा हिसाब जोड़ना...

अभी भी कभी-कभार मौका मिलने पर वह बच्चों के साथ बैठ जाते हैं और उनसे इसी तरह का 'बैठोव्वल' पूछा करते हैं। इसे चुटकियों में हल करता हुआ वह क़ाफ़िला बढ़ने ही वाला था कि रामगोबिन मास्टर दाँत खोदते हुए आ निकले। उन्होंने आँखें झपका कर कुछ पल तक उन चारों को देखा, फिर टोक ही तो दिया, "भूइलोटन भाई, तुम कहाँ?"

"उपधेया जी के साथे...इनके पहुँचाने बदे।"

"तुम्हारा भी दिमाग खराब हो गया। सब कुकुर काशी ही जावेंगे तो हाँड़ी ढूँढ़ने वाला भी कोई चाहिए न?" मास्टर साहब तुनककर बोले। उन्होंने अपने अधिकार का प्रयोग किया, "मैं कहता हूँ...तुम लौट आओ।"

उनकी अनसुनी करते हुए एक कम्बल के दो ओढ़वैए चल पड़े। रामगोबिन मास्टर को कुछ शुबहा हुआ, "कम्बलवा में कुछ छुपाए हो क्या?"

इस कुत्सित मनोवृत्ति पर उन लोगों को ठिठक जाना पड़ा, मास्टर साहब का सन्देह गहराया। कोट उन्होंने भूइलोटन को ही रखने के लिए दिया था और आँख गड़ा-गड़ाकर वही उसे देख भी रहे थे। वह लपककर आगे गए और कम्बल खींचने लगे, "रक्तध्वज जी का कोटवा तो नहीं लिये भाग रहे हो?" उन्होंने भरपूर जोर लगाया कि लहँगाझारी कर लें।

"काहे कलंक लगाते हैं, मास्टर साहेब?" भूइलोटन व्यथित होकर बोले, "कोटवा ऊ देखिए खूँटी पर लटक रहा है।"

मास्टर साहब सकुचा-से गए।

'अपजस लागत लाज परानी'...कमलाकान्त को ग़ुस्सा उसी घड़ी आया था, जब चादर की दुर्गति देखी थी। उन्होंने आव देखा न ताव, झटके से बढ़े

और कोट उतार लिया। अगले पल वह उनके बदन पर था। "अब समझिए कि मैं ले जा रहा हूँ।"

रामगोबिन मास्टर ने लपककर कोट की आस्तीन पकड़ ली, "मैं अकारण शक नहीं कर रहा था। आपकी नीयत अपने-आप व्याप गई।" वह वहीं से चीख़ने-चिल्लाने लगे। चख़-चख़ सुनकर एक बार फिर लोग एकत्र हो गए—कमलाकान्त और रामगोबिन मास्टर के बीच छीनाझपटी जारी थी। बटन खुला कोट उनके बदन पर ऐसे झूल रहा था जैसे कोई बड़े-बड़े लाल डैने वाला मुर्ग़ लड़ाई में झपट्टा मारने पर उतारू हो।

चक्रधर जी ने डाँटकर पूछा, "यह कैसी बेहूदगी हो रही है?"

"रक्तध्वज जी का कोट चुराकर भाग रहे थे कमलाकान्त।" रामगोबिन मास्टर ने हाँफते हुए बताया, "यही इनका सशस्त्र संघर्ष है। इसी के बहाने लूटपाट करना चाहते हैं। अरे, छिनाल का वश चले तो समूचे बधार में अरहर बुवा दे।"

रक्तध्वज जी को विश्वास न हुआ तो पास सरक आए और थरथराती आवाज़ में बोले, "चुराने की क्या जरूरत ती, कामरेड-अ?"

कमलाकान्त ने अट्टहास किया, "ठंड से बचने का एक हथियार है कोट, जो अपने-आप मेरे हाथ लग गया। वाक़ई इसकी ज़रूरत है मुझे। आपने कहा था न, कॉमरेड! यदि सचमुच ज़रूरत हुई तो अपने आप हमारे पास हथियार आ जाएगा।"

रक्तध्वज जी भौचक रह गए। वह बुरी तरह काँपने लगे। न जाने क्यों?... अपमान से या नुकसान से, युयुत्सा से या कुत्सा से, पकड़ से छूटते कालखंड से या बूँद-बूँद टपकती ठंड से...

कमलाकान्त ने हँसते हुए कोट उतार दिया और बोले, "मैं तो नब्ज़ टटोल रहा था कॉमरेड! आप जादुई कोट पहनकर सैद्धान्तिक किताबें लिखिए। परवाह मत कीजिए कि कोई बात गाँव के लोगों की समझ में आई या नहीं। हमें हमारी हालत पर छोड़ दीजिए। हम ख़ुद निबट लेंगे।" कमलाकान्त की आवाज़ काफ़ी ठहरी हुई थी, जैसे उन्होंने कोई फ़ैसला कर लिया हो। आगे बढ़कर उन्होंने कोट रक्तध्वज जी की ओर धीरे से बढ़ा दिया।

रक्तध्वज जी ने जल्दबाज़ी में कोट उलटा ही पहन लिया और तमतमाये हुए लौटने लगे। उनके साथ के खड़े लोगों ने कमलाकान्त को ख़ौफ़ से देखा और रक्तध्वज जी के पीछे एक-एक कर लौटने लगे।

एक विचित्र-सी मुद्रा में कमलाकान्त उपाध्याय उनका गुज़रना देखते रहे। उनकी आँख के आगे लाल रंग वाले कोट-ही-कोट तैरने लगे...फ़क़त चलते-फिरते कोट, उनमें आदमी नहीं। हठात ये कोट उलटे लटक गए...धुंध में उनके सामने अब एक सीधा-सुधेर पीपल का वृक्ष उगना शुरू हुआ...और कुछ ही क्षणों में वह पूरा उग गया। कमलाकान्त को शान्ति-सी मिली कि अब उन्हें बोलना न पड़ेगा...अब सारा वाक़या अपने-आप बयान हो जाएगा। लेकिन उनके कानों ने एक शब्द भी न सुना। चारों तरफ़ पागल सन्नाटा तारी था...उस सन्नाटे में ही उन्होंने देखा, बिना सिर के चार उलटे लटके हुए धड़ टँग गए—पीपल की डालों से झूलते चार धड़!

क़ुदरत का धुनिया रात-भर ओसों की रुई धुनते-धुनते थक चला था। अब उसके चारों ओर धुनी हुई रुई की तरह कुहरे के पहाड़ खड़े थे। लेकिन कमलाकान्त गाँव के ही आदमी हैं, उन्हें भटकने का भय नहीं, अपने शेष साथियों के साथ उनके सधे पाँव आगे बढ़ते गए।

[फ़रवरी, 1989 में 'हंस' में प्रकाशित]